**만화로 배우는
맥킨지 문제해결 컨설팅**

2015년 5월 11일 초판 1쇄 인쇄
2015년 5월 20일 초판 1쇄 발행

지은이 | 박봉수
펴낸이 | 여승구
펴낸곳 | 지형
편집 | 강용운 디자인 | 오중석
마케팅 | 김영훈 경영지원 | 지경진
인쇄 | 미르인쇄 제본 | 천일제책 종이 | 한국제지

주소 | 서울시 마포구 서교동 410-3 201호(와우산로 15길 10)
전화 | 02-333-3953 전송 | 02-333-3954
이메일 | jhpub@naver.com
출판등록 | 2003년 3월 4일 제 13-811호

ⓒ박봉수, 2015

ISBN 978-89-93111-33-0 (13320)

값은 뒤표지에 있습니다.
잘못된 책은 바꾸어 드립니다.

이 도서의 국립중앙도서관 출판예정도서목록(CIP)은
서지정보유통지원시스템 홈페이지(http://seoji.nl.go.kr)와
국가자료공동목록시스템(http://www.nl.go.kr/kolisnet)에서
이용하실 수 있습니다.(CIP제어번호: CIP2015012842)

만화로 배우는 맥킨지 문제해결 컨설팅

박봉수 지음

지형

• 머리말 •

성과를 극대화하려면
문제해결 역량을 높여라!

High Performer는 뛰어난 문제해결 역량을 가지고 있습니다

업무란 무엇입니까? 업무란 Input을 통하여 Output을 도출하는 일련의 과정을 의미하지요. 또 다른 의미로는 문제해결의 연속적인 과정을 의미하기도 하구요. 즉, '업무=문제해결' 이라는 것입니다. 예를 들어 고객 Needs를 조사하는 일을 한다고 가정할 때 Needs를 조사하는 이유는 무엇입니까? 무엇인가 우리가 추구하는 목표대로 어떤 일이 이루어지지 않거나 우리가 추구하는 목표에 미달하기 때문에 고객의 요구를 조사하는 것이지요. 다시 말하자면 업무란 우리가 수행하고 있는 일에 어떤 문제가 발생되고 있으므로 이를 해결하기 위하여 수행하는 과정을 뜻합니다.

이와 같이 업무를 수행한다는 것은 문제를 해결한다는 것과 같은 의미이므로 High Performer는 뛰어난 문제해결 역량을 가지고 있어야 합니다.

필자는 이러한 명제 아래 '좀 더 쉽게 문제해결 역량을 확보할 수 있는 방법은 없을까?'라는 고민을 하였고 과거에 현장에서 수행하였던 다양한 문제해결 프로젝트 경험과 컨설팅 경험을 통하여 얻은 Know-How를 여러 독자 분들과 함께 공유하고자 이 책을 발간하게 되었습니다.

문제해결 역량을 확보하는 것은 어려운 일이 아닙니다

이 책은 High Performer의 Core Competency인 문제해결 역량을 보다 쉽게 확보할 수 있도록 다음과 같은 Concept를 가지고 기획안을 수립하였습니다. 따라서 이 책에 기술된 이론 및 사례를 순서대로 학습해 가다 보면 문제해결 역량을 매우 자연스럽게 확보할 수 있습니다.

이 책은…

첫째, 독자들이 이해하기 쉽게 만화 형태로 제작하였습니다. 문제해결에 꼭 필요한 언어만을 선별하여 시나리오를 구상하였고 Text만으로 전달할 수 없는 부분은 만화로 표현하여 학습의 시너지를 배가하였습니다. 즉, Image 효과를 극대화한 것입니다. "여러분은 몇 년 전에 방문하였던 호텔의 이름이라든가 숙소 번호 또는 맛있는 음식을 먹었던 식당의 이름을 기억하고 계신가요?" 기록을 하지 않는 한 오랫동안 기억한다는 것은 쉽지 않을 것입니다. 그러나 호텔이나 식당의 모습이라든가 방의 구조 등은 오랜 시간이 흘렀음에도 전체 모습이 그려질 것입니다. 이와 같이 Image는 Text보다는 쉽게 인지하고 오랫동안 기억할 수 있다는 데 착안을 하여 독자들이 이해하기 쉽고 기억하기 쉽도록 만화 형태로 구성한 것입니다.

둘째, 이 책은 현업 적용성을 높일 수 있도록 이론뿐만 아니라 세부적인 사례를 구체적으로 제시하였습니다. 이론만 제시한다면 자동차의 운전 이론만 설명하고 주행실습은 가르쳐 주지 않는 일과 같습니다. 아무리 훌륭한 이론이라 하더라도 "구슬이 서 말이라도 꿰어야 보배다."라는 속담처럼 실무에 적용하지 못한다면 아무런 의미가 없을 것입니다. 따라서 이 책은 독자들이 쉽게 이해할 수 있도록 자세한 이론 설명과 아울러 실무에 즉시 적용해 볼 수 있도록 구체적인 사례를 제시하였습니다.

셋째, 비전문가라 하더라도 현업의 실제 문제를 가지고 이 책이 제시하는 대로 따라 하게 되면 현업에서 발생하는 다양한 문제를 누구나 쉽게 해결할 수 있도록 매뉴얼 형태로 구성하였습니다. Action Learning의 지침서가 될 수 있는 것입니다. 즉, 문제해결에 필요한 기본 소양을 도입 부분에서 학습하신 후 문제해결 프로세스에 따라 하나의 Step을 학습한 후 사례를 참조하여 현업의 실무에 적용해 볼 수 있습니다. 예를 들어 문제해결 프로세스의 첫 단계인 테마선정을 학습하셨다면 사례를 참조하여 테마선정 가이드에 따라 현업의 상황을 분석한 후 실제 테마를 선정하여 문제해결 프로세스에 따라 진행해 가면 현업의 문제를 해결할 수 있도록 설계하였습니다.

이 책은 이와 같은 세 가지의 주요 Concept에 따라 기획하고 제작되었으므로 지속적으로 학습하고 실무에 적용해 보면 문제해결 역량을 확보하는 것은 그리 어려운 일이 아닙니다.

이 책은 체계적으로 학습할 수 있도록 설계되었습니다

이 책은 논리적이고 체계적으로 학습할 수 있도록 크게 네 가지 영역으로 나누어 구성하였습니다.

첫 번째 영역에서는 문제를 인식하고 발견하며 문제를 명확히 정의하는 단계입니다. 문제에 둔감하여 문제를 인식하지 못하고 발견하지 못한다면 더 큰 문제로 확대되어 경쟁력을 잃거나 사업을 Drop하거나 많은 손실을 가져올 수도 있으므로 이 영역에서는 문제를 민감하게 받아들이고 인식하여 문제를 발견하는 것이 중요하다는 것을 설명하고 또한 문제를 어떻게 정의하느냐에 따라 문제해결의 결과가 달라지므로 문제를 명확히 정의하는 방법을 제시합니다.

두 번째 영역에서는 문제해결 프로세스에 따라 문제를 해결하는 단계입니다. 이 영역에서는 창조적 문제해결 프로세스를 설명해 주고 이에 따라 단계별로 최적의 도구를 활용하여 문제를 해결해 가는 방법을 제시하여 줍니다. 어떤 절차나 도구를 선정하느냐에 따라 성과가 달라지므로 이 영역에서는 도구 선정의 중요성과 아울러 각 도구별 사용목적 및 방법을 이론과 사례를 통하여 구체적으로 설명해 줍니다.

세 번째 영역에서는 창의적으로 문제를 해결하기 위한 아이디어 발상기법을 학습하는 영역입니다. 디지털 경제하에서는 문제를 해결하는 것만으로는 일등을 할 수 없습니다, 고객의 Needs가 다양하고 급격하게 변화하는 경영환경에서 살아남기 위해서는 해당 분야에서 일등을 하지 않으면 불가능한 일입니다. 일등을 하려면 창의적으로 문제를 해결해야 합니다. 이 영역에서는 아이디어 발상기법으로 널리 활용되는 브레인스토밍의 구체적인 진행 방법뿐만 아니라 Brain O, 체크리스트법, 입출법 등 현업에서 유용하게 사용되는 몇 가지 아이디어 발상 기법을 소개합니다.

네 번째 영역에서는 커뮤니케이션 영역으로 구성하였습니다. 아무리 훌륭한 문제해결 방안이라도 스폰서의 의사결정을 받지 못한다면 실행할 수 없으며 또한 이해관계자의 동의나 협력을 받지 못한다면 실행이 어렵거나 소기의 성과를 창출할 수 없게 되므로 마지막 영역에서는 상호정보를 효과적으로 공유할 수 있는 의사소통 방법과 상대를 전략적으로 설득할 수 있는 프레젠테이션 스킬에 대하여 설명합니다.

이 책은 네 가지 영역이 논리적 체계적인 연계성을 갖고 있음과 아울러 각각의 영역의 독립적으로도 구성되어 있으므로 미흡한 부분을 집중적으로 학습하여 영역별 또는 부분별로 실무에 적용하는 것도 가능하도록 설계되었습니다.

Contents

머리말 | 성과를 극대화하려면 문제해결 역량을 높여라! _4

Section 1
Introduction

- 문제란? _13
- 문제의 유형 _21

Section 2
Problem Solving

- 문제해결이란? _35
- 문제해결의 장애요인 _39
- 시스템적 접근에 의한 문제해결 _47
- 문제해결의 마법사가 되려면 _61
- 정보수집과 분석 _89
- 문제해결 Process _103
- 테마선정 _107
- 문제분석 _121
- 원인분석 _133
- 해결안 개발 _141
- 실행계획 수립 _173

Theme 1
문제해결 Tool _177

Theme 2
창의력 개발 Tool _207

Section 3
Communication Skill

- 커뮤니케이션의 개요 _229
- Delivery Skill _235
- 주도적 커뮤니케이션 _241
- 행동유형별 의사소통 전략 _253
- 설득의 프레젠테이션 _256

Theme 3
신뢰받는 커뮤니케이션을 하려면 _273

Theme 4
칭찬받는 프레젠테이션이 되려면 _281

Section 4
Wrap-up

- 문제해결 과정 Wrap-up _293

만화로
배우는
맥킨지
문제해결
컨설팅

⟶ START

Section 1

Introduction

문제란?
문제의 유형

문제란?

서진규: 사교적이며 즉흥적인 성격으로 고객분석 업무를 담당하고 있음.

진규 씬 오늘도 예측이 빗나가질 않았어.

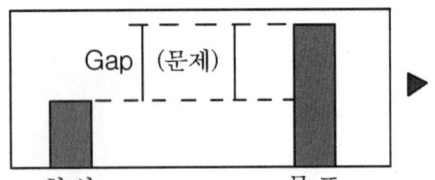

문제란 어떤 대상의 현재수준과 바람직한 수준의 차이를 말하는 것으로
예를 들면
- 시장조사 분석일정 지연
- ○○상품 고객만족도 저하
- 고객클레임 증가 등

문제의 유형

방정식에 대입하여 풀어 보면...

남자=X, 여자=Y
X - 1 = Y
Y - 1 = X/2
그러므로
남자 형제 4명,
여자 자매가 3명이 되겠네요.

맞아요.

답이 하나만 존재하는 것을 보니 이런 유형이 '논리적 문제'군요.

형태별 문제의 유형		
구 분	논리적 문제	창의적 문제
문제의 형태	'이것이 문제다'라는 형태로 문제 그 자체가 명백하다.	'곤란하다, 어떻게 할까'라는 형태로 진짜 문제가 무엇인지 소재가 애매
해답 방법	분석이나 판단, 수학, 실험 등 이치적으로 따져 답을 낼 수 있다.	창의력이 필요하며 아이디어의 형태로 툭툭 튀어나온다.
해답	답은 하나이며 그것만이 정답이다. 장래에도 변하지 않는다.	답이 많아서 어느 것이 꼭 옳다고 말할 수 없다.

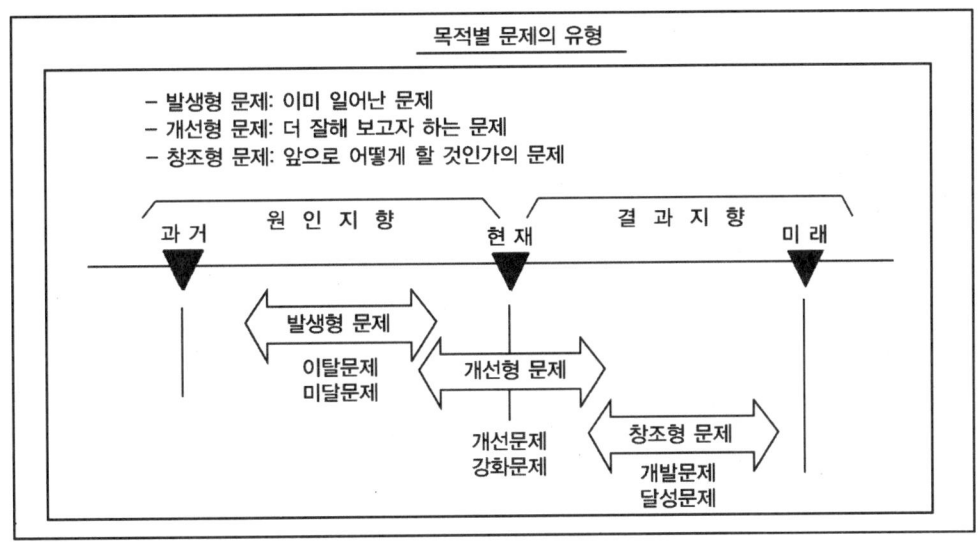

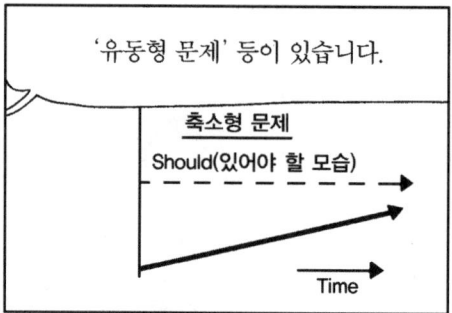
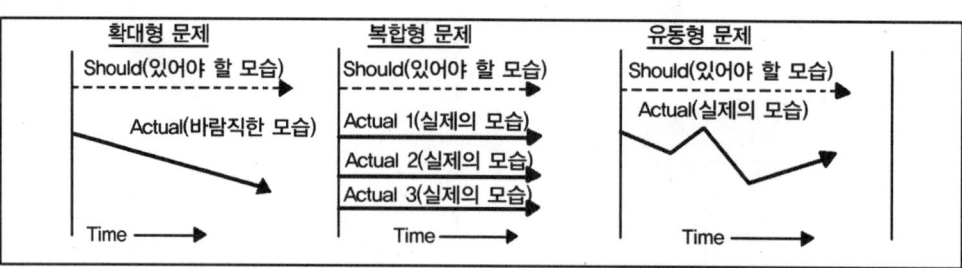
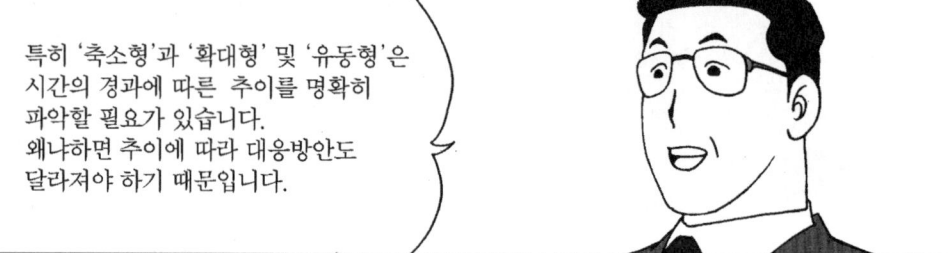

Section 2

Problem Solving

- 문제해결이란?
- 문제해결의 장애요인
- 시스템적 접근에 의한 문제해결
- 문제해결의 마법사가 되려면
- 정보수집과 분석
- 문제해결 Process
- 테마선정
- 문제분석
- 원인분석
- 해결안 개발
- 실행계획 수립
- Theme 1 문제해결 Tool
- Theme 2 창의력 개발 Tool

문제해결이란?

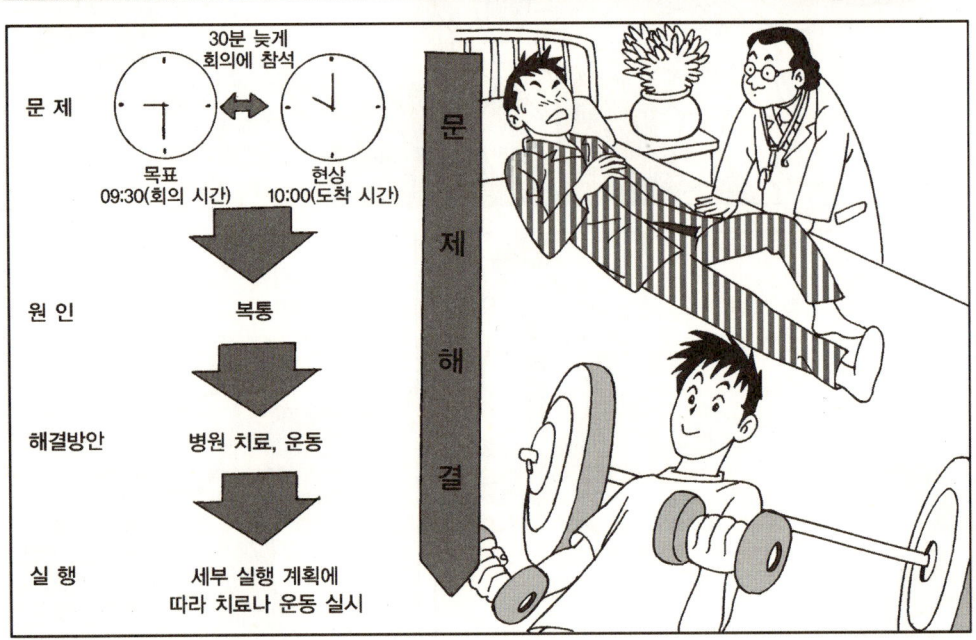

문제해결의 장애요인

본부장님과의 미팅은 잘 마무리 하셨는지요?

그래요.

전사품질개선 프로젝트 수행에 앞서 문제해결 역량이 미흡하니

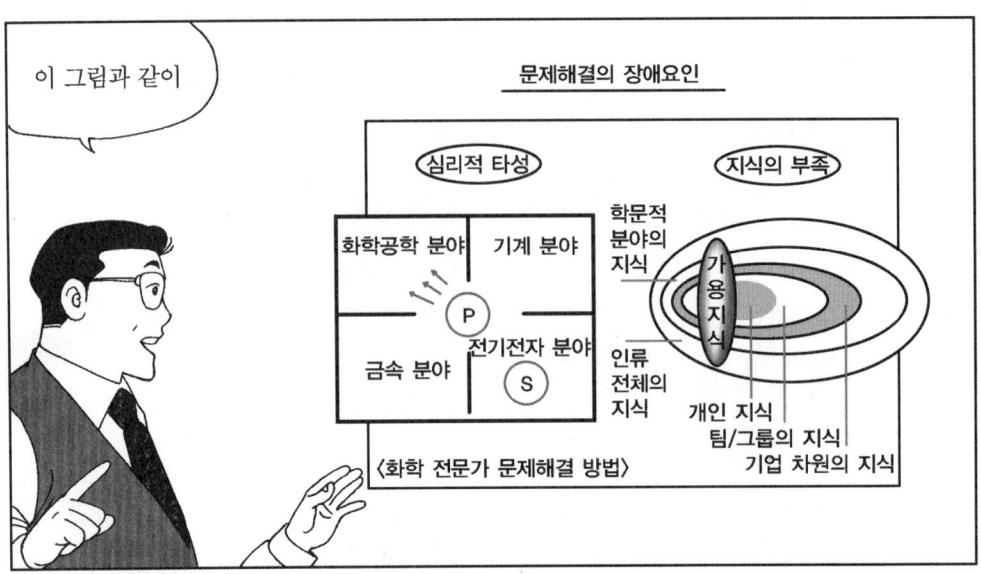

심리적 타성: Paradigm, 고정관념, 편견, 문화의 벽/인식의 벽/감정의 벽 등

시스템적 접근에 의한 문제해결

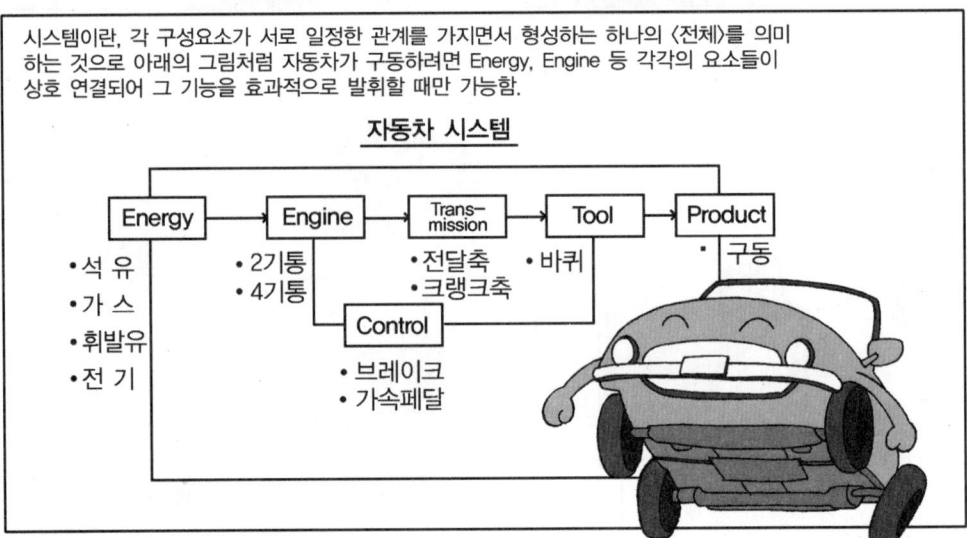

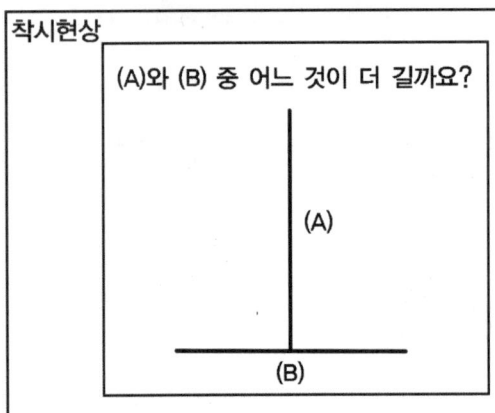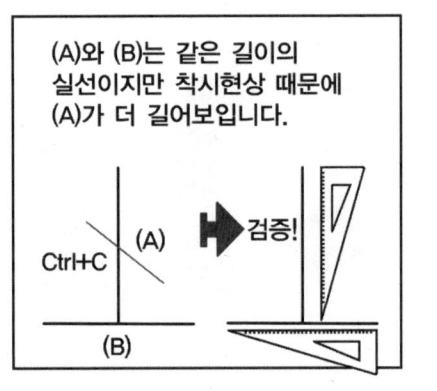

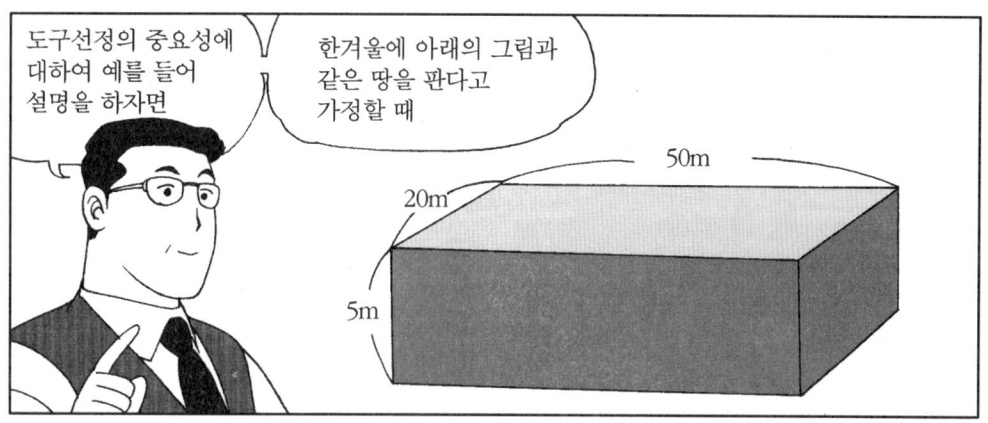

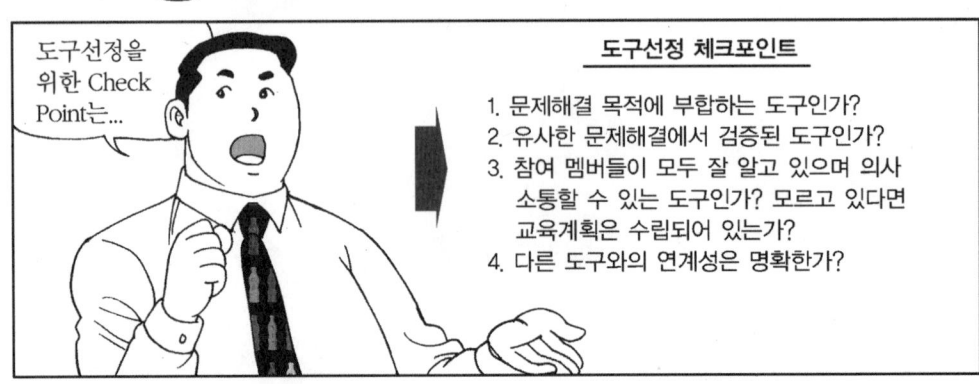

문제해결의 마법사가 되려면

문제를 효과적으로 해결하기 위해서는 문제해결 프로세스, 문제해결 방법, 도구 등을 잘 이해하고 활용함과 아울러 문제해결의 마법사가 되기 위한 전제조건들이 충족되어야 합니다.

여러분이 백화점을 운영하고 있다고 가정할 때 여러분은 아래의 (1), (2)번 중 어떤 선택을 하겠습니까? 어떤 선택을 한 사람이 경쟁 우위에 있을까요?

(1) 80/20=4
    – 20%의 핵심고객을 관리하여 80의 성과 창출
        즉, 20~30원의 비용을 투입하여 80원의 매출

(2) 100/100= 1
    – 모든 고객을 관리하여 100의 성과 창출
        즉, 100원의 비용을 투입하여 100원의 매출

여러분은 모두 (1)번을 선택하였을 것입니다. 왜냐하면 (2)번보다는 (1)번이 투자대비 효과가 훨씬 높으니까요.

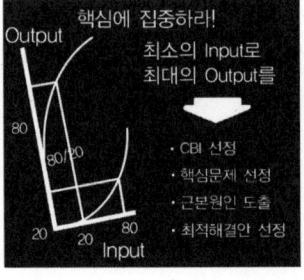

2:8 법칙의 핵심은 어느 것이 더 중요하고 덜 중요한지 파악하여 더 중요한 것에 시간과 비용, 노력 등을 더 많이 투입 해야만 최소의 비용으로 최대의 효과를 창출할 수 있다는 데 있습니다.

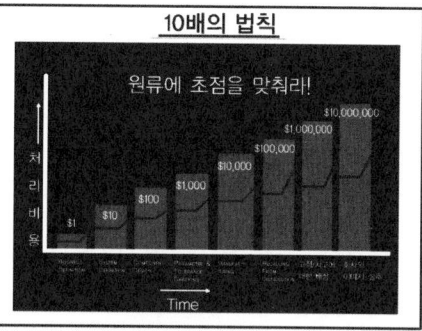

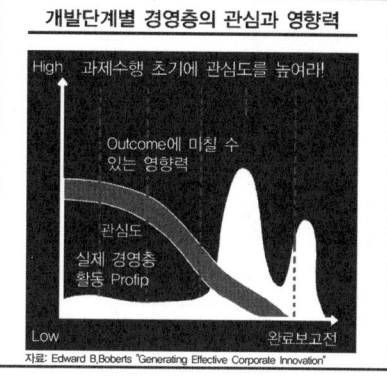

대량생산의 법칙
자본집약도가 높은 기업일수록 제품원가가 낮아진다는 현상에 착안한 독일의 경제학자 K.뷔허가 1910년에 발표한 법칙으로 일정한 설비를 갖추면 생산량의 증가에 따라 평균비용이 점차 줄어든다는 법칙임.
예를 들어 원재료를 10만 톤 구입하는 것보다는 100만 톤을 구입하는 것이 단위당 구입비용이 낮아 원가를 최소화할 수 있는 것임.

학습곡선/경험곡선
학습곡선은 생산량의 증가에 따라 평균노동비와 평균노동시간이 감소되는 현상을 말하며 비슷한 용어로 경험곡선이라는 말이 있음.
경험곡선은 고정비를 포함해서 전체적으로 평균비용이 줄어드는 것을 말하고 학습곡선은 주로 변동비에 해당하는 것이 둘의 차이점임.

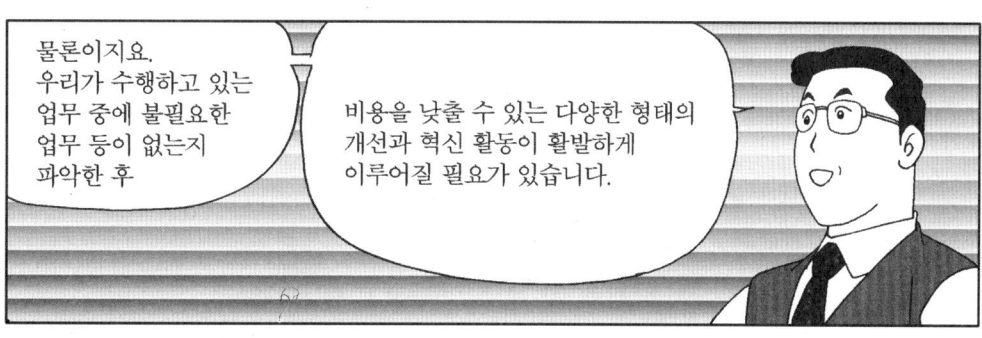

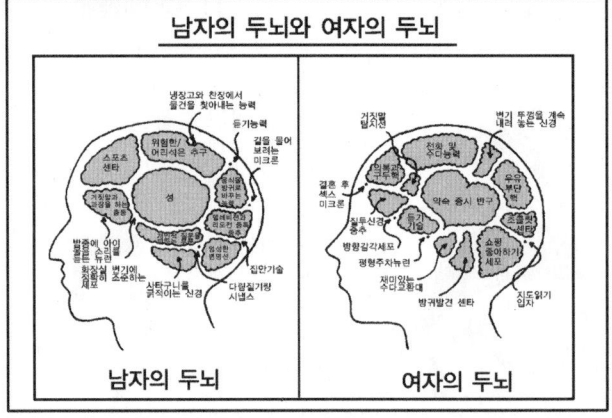

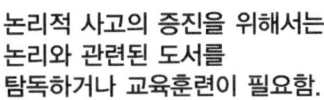

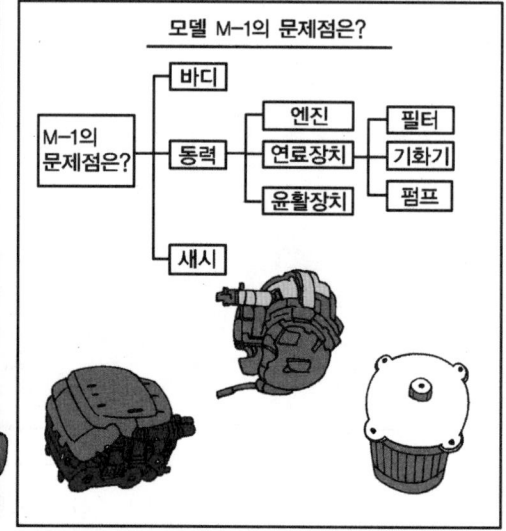

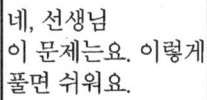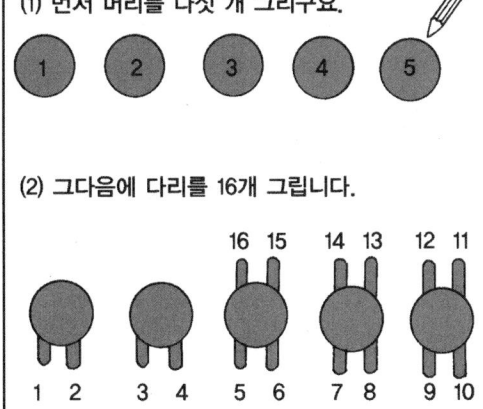

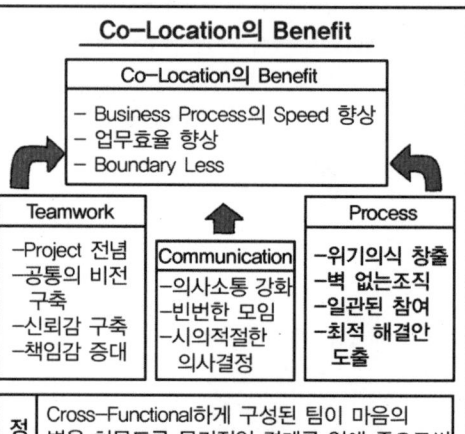

떨어져 있는 상태와 Communication

바로 옆 사무실......일주일 내 Communication 기회 25%
10m 이상 거리.......일주일 내 Communication 기회 10% 이하
15m 이상 거리.......수 km 떨어진 것과 동일
같은 복도............동일층 사람보다 5배

15m의 규칙..........효과적인 Communication의 한계

자료원 (1) Allen, "Managing The Flow of Technology"—MIT Press
  (2) Bell Labs Study
  (3) Steel Case Co. Study

마지막 조건은 '아이디어 발상기법을 적극적으로 활용하라' 입니다.

아이디어란 무엇인지요?

아이디어란 문제를 해결하기 위한 발상을 말합니다.

그러면 아이디어를 효과적으로 도출하기 위한 방법이 있나요?

먼저 여러 가지 기법을 학습하고 적용해 보는 것입니다.

그러면 기법을 많이 알고 있으면 창의적인 과제수행이 가능한가요?

Idea 도출 방법론을 많이 안다고 하여 반드시 창의적으로 과제를 수행다고는 할 수 없지만 다양한 Idea 발상기법을 앎으로써 문제해결에 한발 앞서 갈 수 있다고 하겠지요.

어떤 도구가 문제해결에 가장 타당한 것인가를 분별하는 능력이 절대적으로 필요합니다.

정보수집과 분석

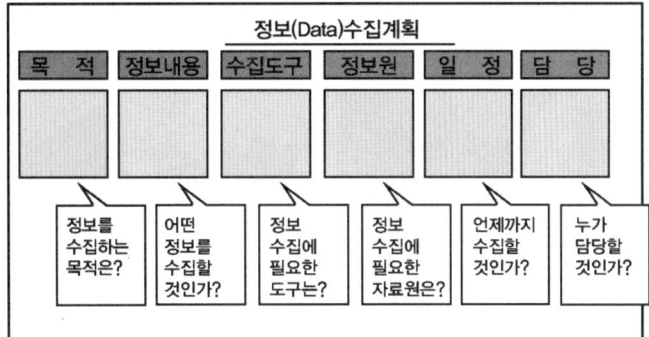

과제를 수행하기 위해서는 다양한 형태의 정보나 Data가 필요하고 이러한 정보수집은 철저하고 구체적인 '정보수집 계획'을 수립하여 이에 따라 이루어져야 합니다.

정보수집 시 Check Point

- 첫째: 정보수집의 목적을 명확히 함.
- 둘째: 정보의 신빙성, 적합성을 다면적으로 Check함.
- 셋째: 가능한 한 정량화하며 정성적 자료는 정량화할 수 있도록 연구함.
- 넷째: 여러 도구들을 상호보완적으로 활용함.
- 다섯째: 자료출처 즉, 정보원을 명확히 밝힘.

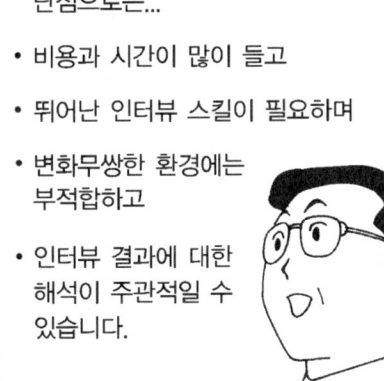

다음은 Focus Group Interview 입니다.

F.G.I(Focus Group Interview)란?

- 특정한 목적을 위해 준비된 주제를 그 목적에 따라 6-8인으로 구성된 그룹에서
- 숙련된 사회자의 컨트롤 기술에 의해 집단의 장점을 십분 활용하여 멤버 간 영향을 미치는 장면을 만들고
- 개개인의 반응을 통합하여 가설설정 및 검증 등
- 그때 그때의 목적에 따라 관찰, 조사하는 방법을 말합니다.

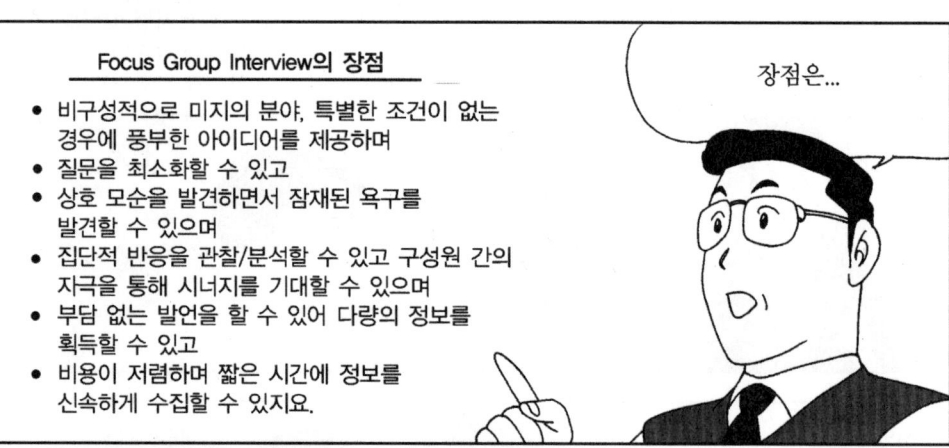

Focus Group Interview의 장점

- 비구성적으로 미지의 분야, 특별한 조건이 없는 경우에 풍부한 아이디어를 제공하며
- 질문을 최소화할 수 있고
- 상호 모순을 발견하면서 잠재된 욕구를 발견할 수 있으며
- 집단적 반응을 관찰/분석할 수 있고 구성원 간의 자극을 통해 시너지를 기대할 수 있으며
- 부담 없는 발언을 할 수 있어 다량의 정보를 획득할 수 있고
- 비용이 저렴하며 짧은 시간에 정보를 신속하게 수집할 수 있지요.

장점은...

단점으로는

- 비구성적이므로 통계적 대표성을 확보하기 어려우며
- 분석하는 사람의 해석에 따라 결과에 대한 신뢰성을 보장받기 어렵고
- 상호 견제에 의해 타협적인 이야기로 일관될 수 있으며
- 자신의 의견보다는 다른 사람의 의견에 동조화되는 경향이 있고
- 사회자의 경험, 판단, 능력에 크게 좌우되는 경향이 있습니다.

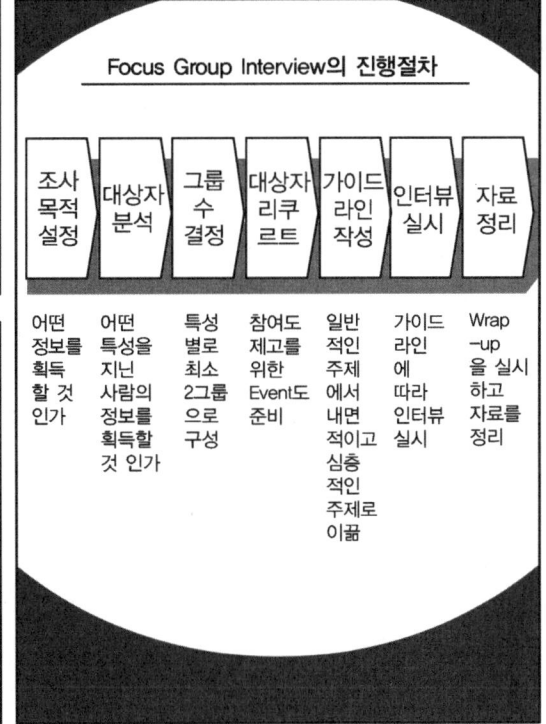

F.G.I 분석방법

- 종료 후 대강의 내용에 대하여 합의를 봅니다.
- 가이드라인에 따라 내용을 열거하고 열거된 내용의 상호 관련성을 파악하면서 결론을 도출해 나갑니다.
- 그룹 전체의 공통성을 중시하기 위하여 가능한 한 그룹으로 분석작업을 진행합니다.
- 반대의 경우도 그 의미를 충분히 이해하고 공감해 줍니다.
- 조사의 목적에 따라 결론으로 이끌 수 있도록 합니다.
- 앞 뒤에 흩어져 있는 정보들을 주제에 대한 연관성을 고려하여 모으도록 합니다.
- 발언 내용에 대한 내면의 심리적 상황을 파악하도록 합니다.
- 확실한 판정이 가능한 것은 판정을 하지만 그렇지 못한 경우는 판정을 내려서는 안 됩니다.
- 발언 내용뿐 아니라 참석자들의 무언의 태도, 침묵 등도 해석할 수 있어야 합니다.

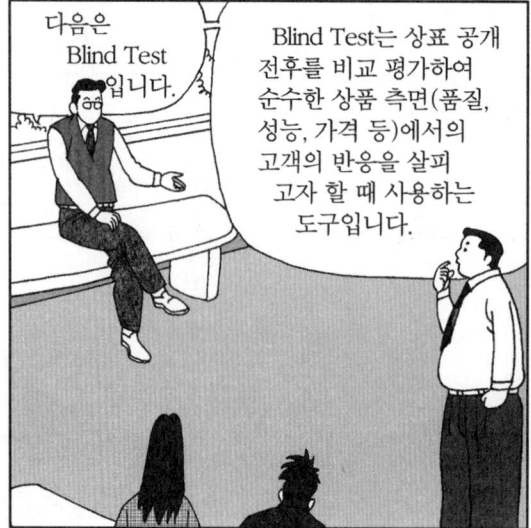

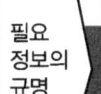

작성 절차는 오른쪽을 참고하세요

설문 작성 절차

필요 정보의 규명 → 자료 수집 방법 결정 → 설문 내용 확정 → 질문 형태 확정 → 문항 표현 → 순서 배열 → 검증 및 확정

- 가설검증을 위해 측정해야 할 변수(개념)나 형식의 서술을 위해 필요한 속성을 규명함
- 웹 메일로 할 것인지 면접 방법을 사용할 것인지 등의 조사 방법을 결정함
- 필요한 개념(변수)를 측정하기 위해서 어떤 내용의 문항을 포함할 것인지 결정함
- 응답을 개방형으로 할 것인지 폐쇄형으로 할 것인지 결정함
- 문항의 표현을 명확하게 하여 완결함
- 문항의 순서는 응답하기 쉬우면서도 솔직한 응답을 할 수 있도록 배열함
- 잘못된 내용을 수정하고 신뢰도와 타당도를 검증한 후 설문 최종 확정함

설문 내용을 구성할 때 유념해야 하는 사항은 없는지요?

설문 내용 구성 Check Point

1) 꼭 필요한 내용인가를 확인함

2) 한 문항으로 불충분할 경우 복수의 문항으로 질문함

3) 응답자가 요구하는 정보를 알고 있는지 확인해 봄

4) 응답자의 응답에 드는 시간과 노력은 최소화함

5) 신뢰도를 검증할 수 있도록 문항을 구성함

개방형과 폐쇄형의 차이점은 무엇인가요?

개방형 질문이란 응답에 대한 특별한 제한 없이 응답자가 자유롭게 응답하는 것이 허용되는 질문입니다.

예를 들면 "○○에 대하여 어떻게 생각하십니까?"와 같은 질문을 말합니다.

정보수집과 분석 97

설문의 질문 기준은...

설문 사항의 질문 기준

1) 질문이 명확해야 하며
2) 응답자의 능력을 고려해야 하고
3) 부정적인 문항은 피해야 하며
4) 또한 유도 질문 등은 피해야 하고
5) 질문은 짧고 간결하게 구성하여야 합니다.

초안이 작성되면
1) 조사자의 의도가 응답자에게 충분히 전달 가능한지
2) 응답 항목이 빠져 있지는 않은지
3) 조사자가 쉽게 이해할 수 있는 용어들로 구성되어 있는지
4) 응답을 회피하는 문항은 없는지
등을 체크해 보아야 합니다.

설문 배열 순서는요...

설문 문항의 배열 요령

1) 오리엔테이션 질문을 가장 먼저 배열함
2) 가장 답변이 용이한 문항을 앞 부분에 배열함
3) 다소 어려운 질문은 설문의 가운데 부분에 배열함
4) 심각하거나 민감한 내용은 뒷 부분에 배열함
5) 개인의 신상 등과 관련된 질문은 맨 뒤에 배열함
6) 질문 내용의 범위가 넓은 질문에서 범위가 좁은 순으로 배열함
7) 다음 문항과의 연계성을 고려하여 배열 순서를 결정

설문조사는 객관적인 통계 자료를 도출할 수 있으며 인터뷰에 비하여 비용이 적게 든다는 장점이 있습니다.

반면 설문조사는 조사자의 의도대로 답변을 유도하여 통계의 공정성을 저해할 우려가 있으며

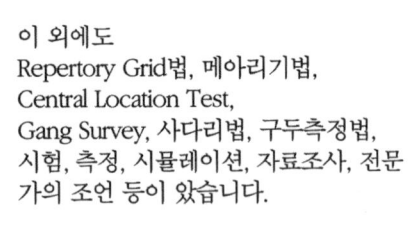

정보분석 Process

Step	정보의 집계 및 정리	정보의 가공	정보의 해석	결론 도출	일반화
내용	• 설문, 인터뷰 등의 자료 집계/분류 • 영역별 분류 • 기타 자료의 기록과 정리	• 분류 정리된 자료를 해석하기 용이하도록 표나 그래프로 변환	• 가공된 자료를 분석하고 예상이나 추리를 통해 가설과 연계하여 의미를 도출	• 해석된 정보를 바탕으로 문제에 대한 해답을 도출하거나 수집된 정보에 대한 타당성과 신뢰성을 검증	• 검증된 사실로부터 포괄적인 의미를 이끌어 냄

정보분석의 신뢰성을 높이기 위해서는 정보의 정량화가 매우 중요합니다.

또한 인간 내면의 심리적인 감정 등 객관화하기 어려운 정성적인 부분도 간과해서는 안 됩니다.

!!!

은영 씨에 대하여 어떻게 분석할 것인지 고민이 되었는데 명쾌한 답을 주셨습니다.
ㅋㅋㅋ

졌다! 졌어!

문제해결 Process

K.T: Kepner Tregoe
BPR: Business Process Reengineering
OVA: Overhead Value Analysis
TRIZ: Teorya Reshniya Izorretaelskikh Zadatch
FMEA/FTA: Failure Mode and Effects Analysis
QFD: Quality Function Deployment

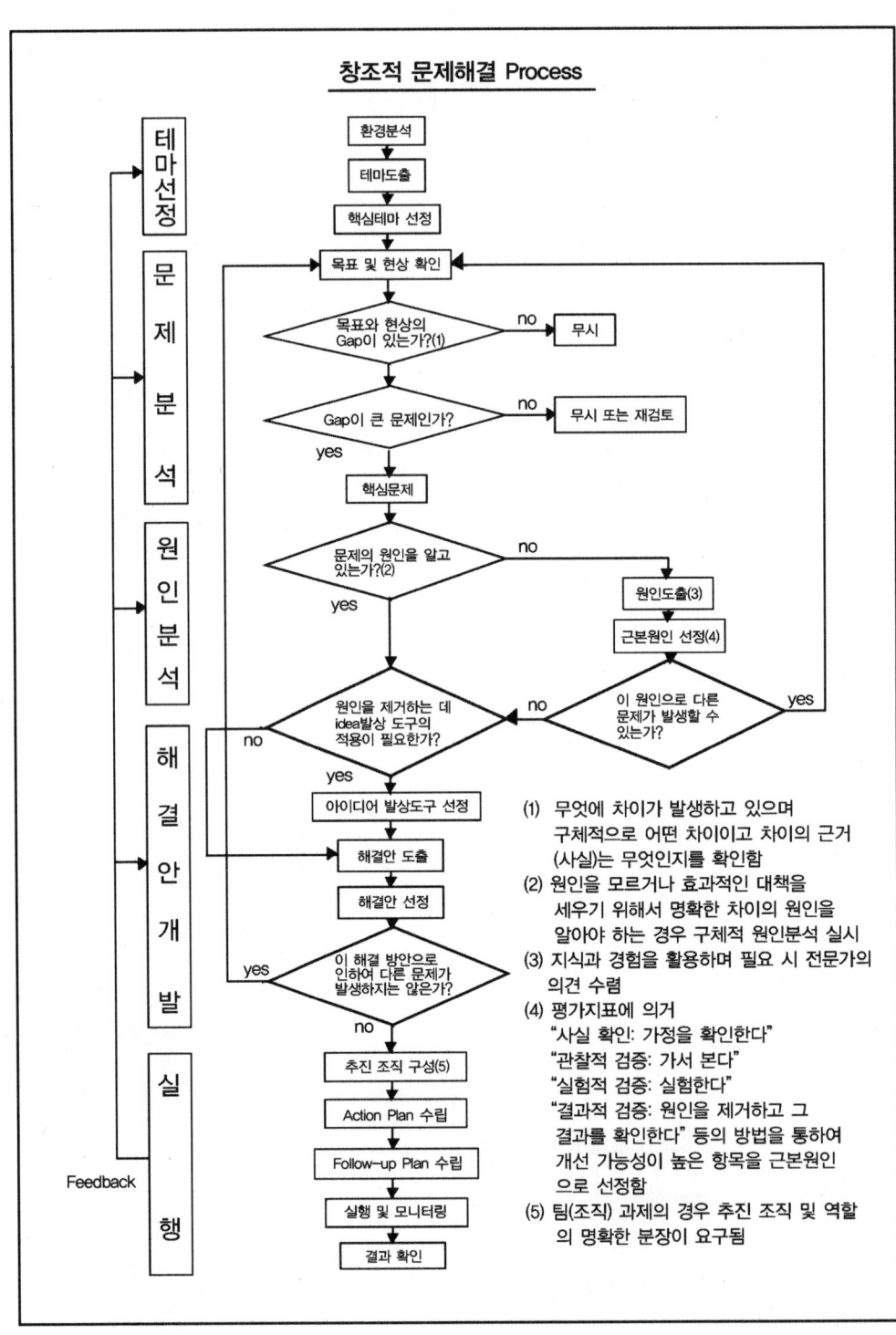

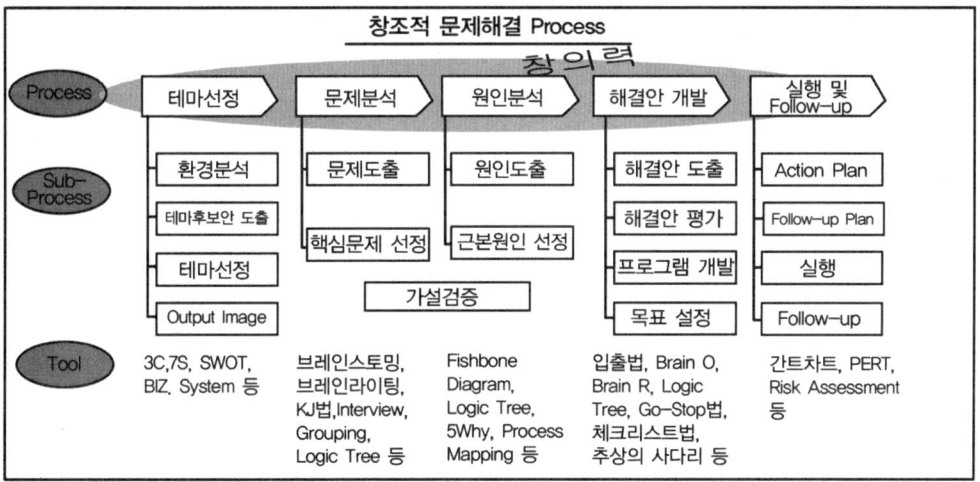

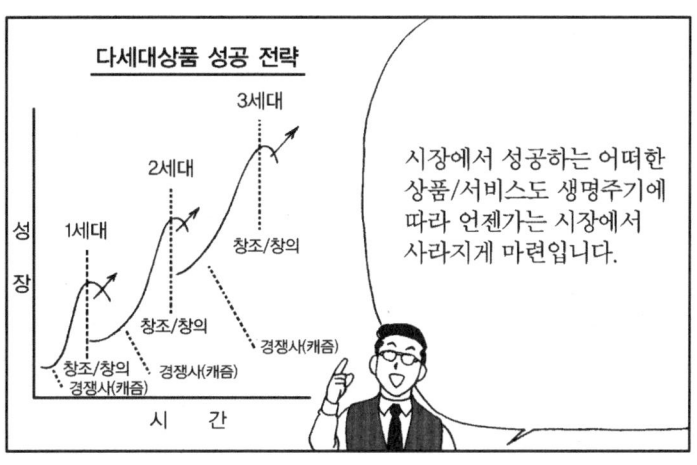

테마선정

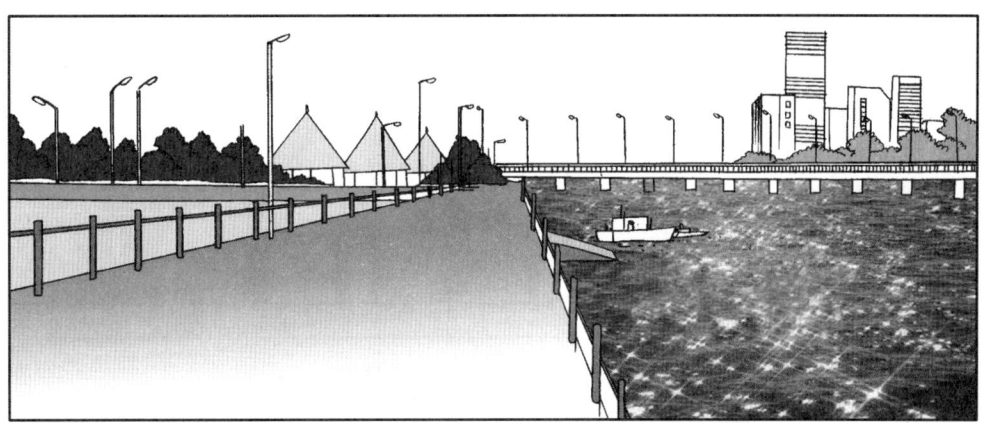

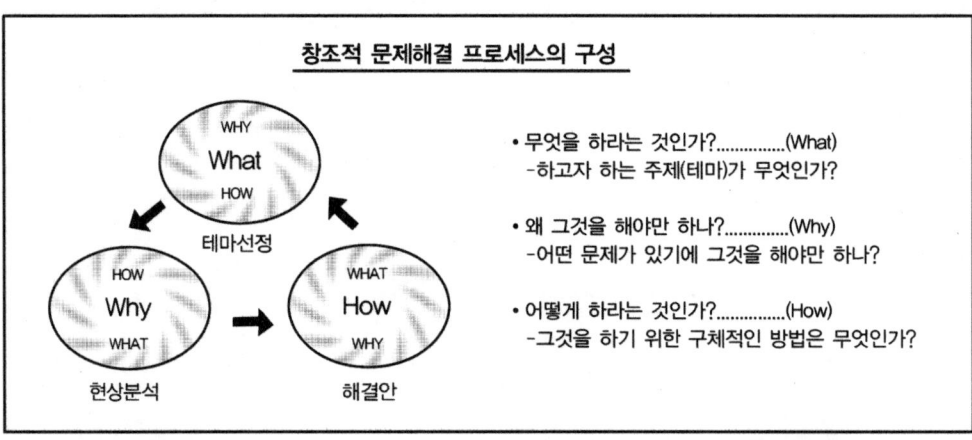

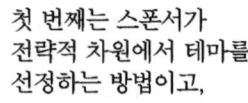

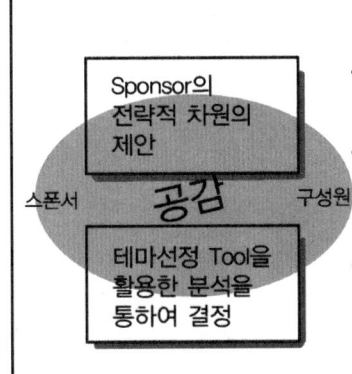

- Sponsor가 전략적 차원에서 중요하고 긴급하다고 판단한 테마
- 3C/FAW, SWOT 등 테마선정 분석도구를 활용하여 환경분석 후 테마선정

테마선정 절차

☞ 테마선정이란?
내외부 환경분석을 통해 해결해야 할 과제의 분석 영역을 결정함. 즉, 분석해야 할 대상영역 및 대상영역의 Scope를 결정하기 위함.

☞ 프로세스

	환경분석	테마후보안 도출	테마평가 및 선정	Output Image 선정
주요 내용	• 사업을 둘러싸고 있는 내부 및 외부 환경분석	• 분석 결과에 따라 메시지를 도출하고 과제후보안을 도출	• 테마후보안을 평가기준에 의거 평가한 후 최적테마를 선정	• 테마의 성공적 추진을 위하여 바람직한 결과를 미리 그려 봄
Tool	• 3C와 FAW 분석 • SWOT 분석 • Business System • 7S 등	• 3C와 FAW 분석 • SWOT 분석 • Business System • 7S 등	• K-T우선순위 결정법 • Criteria Rating	• BSC(Balanced Score Card) • Benchmarking
Output	• 사업환경과 고객의 요구 • 고객요구에 대한 자사 및 경쟁사 대응현황	• 테마후보안	• 최종적으로 선정된 테마	• 테마등록서

테마선정

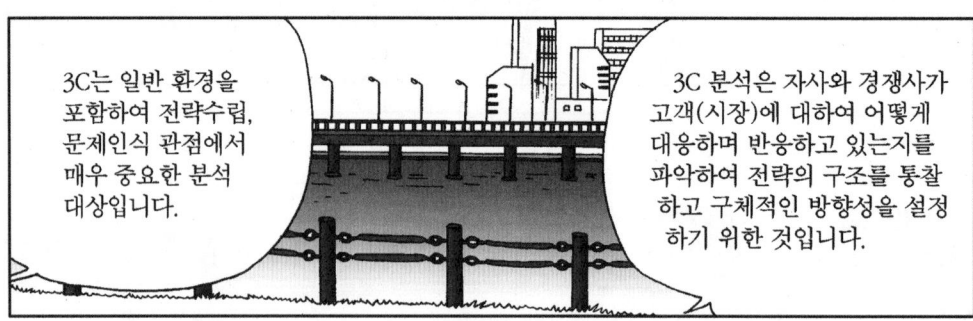

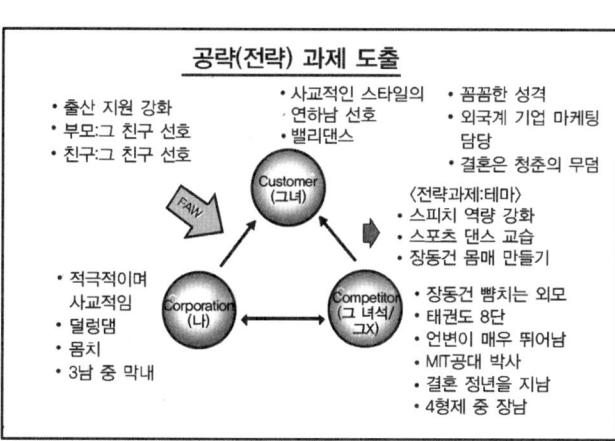

다음은 SWOT Matrix 입니다.

SWOT는 기업 내부의 강점과 약점, 기업 외부의 기회와 위협요인을 분석하여 전략과제를 도출하는 Tool입니다.

		내부 환경 요인	
		강점 (Strengths)	약점 (Weaknesses)
외부 환경 요인	기회 (Opportunities)	SO 내부 강점과 외부 기회 요인을 극대화	WO 외부 기회를 이용하여 내부약점을 강점으로 전환
	위협 (Threats)	ST 외부 위협을 최소화하기 위해 내부 강점을 극대화	WT 내부 약점과 외부 위협을 최소화

이 방법은 기업 내부의 강점과 외부적인 기회요인 측면에서는 내부 강점과 외부 기회 요인을 극대화 하는 전략과제(테마)를 도출하고 약점과 기회요인 측면에서는 외부 기회를 이용하여 내부 약점을 장점으로 전환하는 전략과제를 도출하며

내부 강점과 외부 위협요소 측면에서는 외부 위협을 초소화하기 위해 내부 강점을 극대화하는 전략을, 내부 약점과 외부 위협 요소 측면에서는 내부 약점과 위협을 최소화 하는 전략과제(테마)를 도출합니다.

예시를 들어 주시면 좋겠습니다.

알았네.

STOW Matrix(예시)

내부 환경 외부 환경	강점(S) • 브랜드 이미지 • 시장점유율 • 설치 능력	약점(W) • A/S 대응력 미흡 • 정보수집 능력 • 제품품질 저하
기회(O) • APT 분양 금액 차별화 • 대형 프로젝트 허가 • 그린벨트 해제	SO • 고급형 APT용 재품 개발 • 대형 Project 초기부터 설계사무소 Spec-in 참여	WO • PM 제도 도입 • A/S망 재구축
위협(T) • 부도 증가 • 공사 중단 및 취소 • 건설 경기 위축	ST • 소형거래처 신용도 평가시스템 구축 • 소형거래발굴 시스템 구축	WT • 신제품 홍보 전략 재구축

전략과제(테마후보안)

테마선정 117

다음은 3C/FAW 측면에서 4P별로 분석한 후 분석한 내용을 토대로 하여 테마를 도출한 예시입니다.

4P(예시)

구 분	Product	Price	Place	Promotion	
고객/ 환경	• New Concept 제품 신시장 창출 • A Type 제품의 성공적 시장진입	• FTA 대비 가격 경쟁력 확보 • 염가와 고가 동시 소구 필요	• 대형화, 전문화 • 유통망 재구축 • 지역 밀착화 • 유통 효율 증대	• 관리에 의한 대체 수요 장악 • 브랜드 경쟁력 제고 • 지역밀착 판촉 촉진	(테마 후보안) • Marketing Combination 스킬 개발 • 영업사원에 대한 전략적 육성 체계 개발
자사/ 경쟁사	• 신사업 경험 부족 • 제품 판촉 스킬 미흡	• A사의 공격적 가격전략 • B사 대비 가격경쟁력 열세	• 유통업체 간 통합 활성화:대형화 • 기존 유통망 영세	• 선행관리에 의한 대체수요 장악 • 브랜드 경쟁력 제고 홍보전략 취약 • 판촉 시스템 미흡	
(테마 후보안)	• Hit 상품 창출을 위한 Best Launching Process 개발	• FTA 대비 유통혁신을 위한 신유통 시스템 개발	• 자가 빌딩을 이용한 복합 유통 운영 스킬 개발	• 고객만족 극대형 제품 진열 및 매장 연출 스킬 개발	

Business System에 대해서도...

Business System은 상품 및 서비스가 고객에게 도달할 때까지의 주요 기능을 하나로 연결시킨 것으로

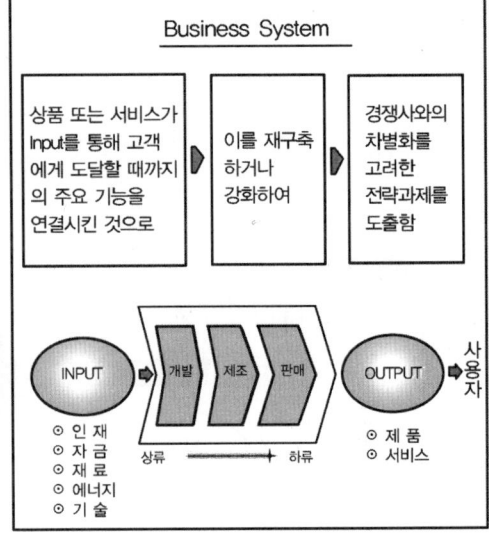

Business System

상품 또는 서비스가 Input를 통해 고객에게 도달할 때까지의 주요 기능을 연결시킨 것으로 → 이를 재구축 하거나 강화하여 → 경쟁사와의 차별화를 고려한 전략과제를 도출함

INPUT → 개발 → 제조 → 판매 → OUTPUT → 사용자

상류 ← → 하류

INPUT: ⊙ 인재 ⊙ 자금 ⊙ 재료 ⊙ 에너지 ⊙ 기술

OUTPUT: ⊙ 제품 ⊙ 서비스

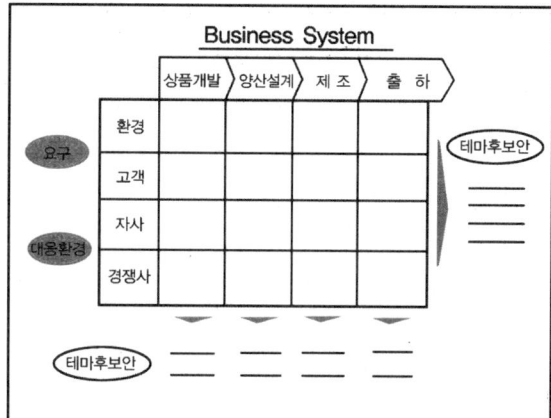

테마선정(테마후보안 우선순위 평가)

테 마 후보안	평가기준					종합 점수	순위
	긴급성	효 과	실행가능성	Risk	기 타		

테마등록서								
테마명					활동내용분류			
선정배경					조직문화		사업기반 구축	
					상품개발		품질혁신	
					고객만족 제고		COST 혁신	
					판매혁신		기타	
활동목표	순위	핵심성과지표(KPI)	현재수준	목표수준	World Best 수준	선진업체	0000년	0000년
	1							
	2							
	3							
기대 및 계획		팀장/경영자 기대사항			단계별 추진 계획/미팅 일정			
기대성과		정량			정성			
팀구성					활동기간			
					투자비용			

문제분석

문제분석 절차

- 문제분석이란?
  문제를 작고 다룰 수 있는 이슈들로 세분화하고 어느 부분에 가장 큰 문제가 있는지를 파악해 보는 과정
- 프로세스

	문제도출	핵심문제 선정	가설검증
정의	문제의 증상을 명확히 파악할 수 있도록 세분화함	문제의 치명도 등을 평가하여 제거해야 할 문제의 우선순위를 정함	핵심이슈에 대하여 가설을 설정하고 검증을 실시함
Tool	• Logic Tree • 브레인스토밍 • 6/5/3법 • KJ법	• 상호평가 • 절대평가	• 가설검증 계획서 • 인터뷰/설문조사 • 시험/측정 • 관찰 • 시뮬레이션
Output	• 문제 Logic Tree • 도출된 문제	• 핵심문제	• 가설검증 계획서 • 검증된 정보

문제분석이란 목표수준과 현재수준의 Gap을 파악해 보는 과정이 아닌가요?

잘 설명했어요. 먼저 Logic Tree에 의한 문제분석 방법에 대하여 설명하도록 하겠습니다.

Logic Tree란 'MECE'원칙에 따라 주요항목을 나뭇가지 형태로 세분화

장점은요? 팀장님!

하는 도구로서 문제분석, 원인분석, 해결안 개발 시 활용합니다.

Logic Tree는 매킨지 컨설팅에서 문제해결의 꽃이라고 할 만큼 문제해결에 매우 유용한 도구입니다.

문제의 전체 모습과 세부적인 모습을 동시에 살펴볼 수 있는 효과적인 분석도구입니다.

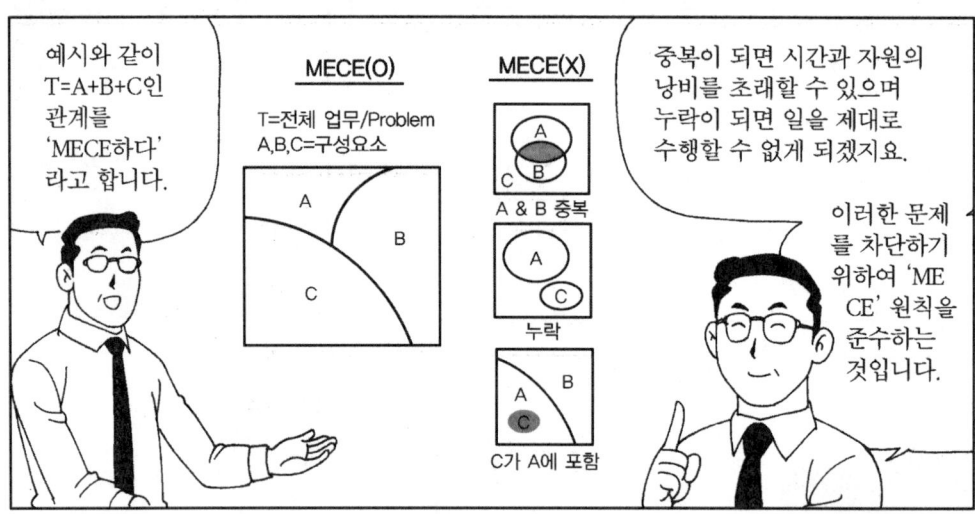
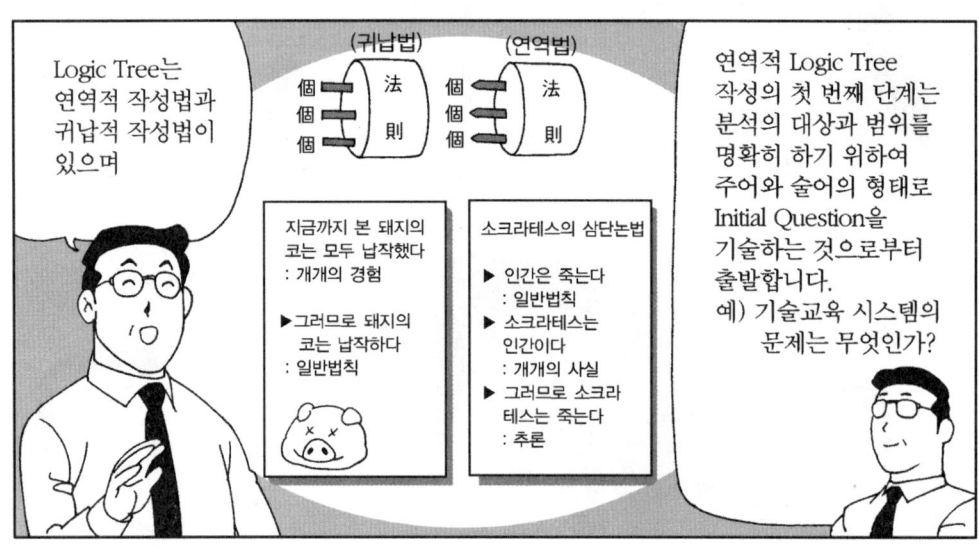

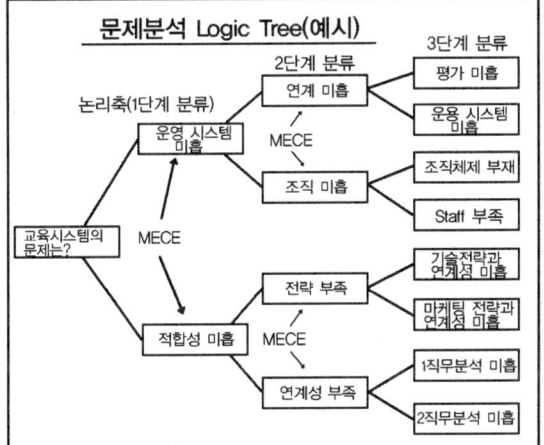

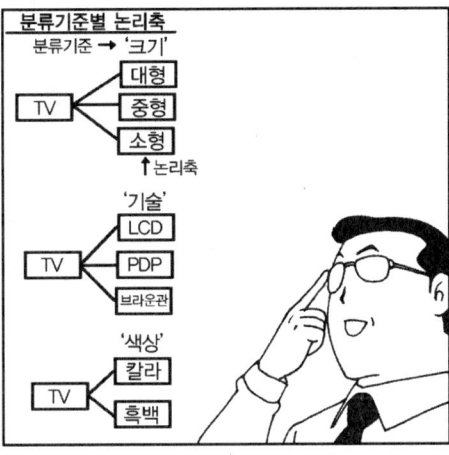
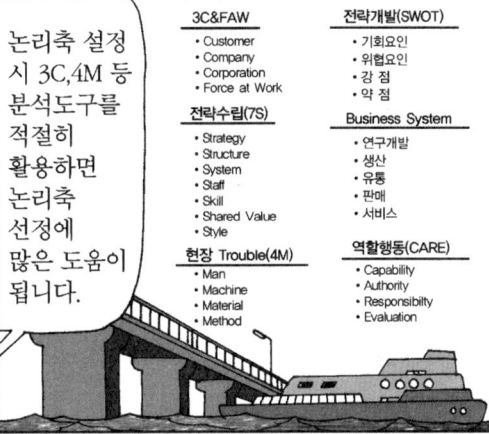

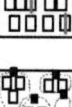

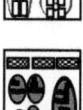

Logic Tree 작성 시 주의사항

- Logic Tree 사용 목적을 분명히 해야 함

- MECE의 원칙을 충족시키기 위해서는 먼저 전체집합을 명확히 하는 것이 중요함
  - 전체집합이 명확하지 않으면 MECE를 충족시킬 수 없음

- 분해해 나가는 가지들의 Level을 맞추는 것도 중요
  - 분해된 Level의 비중이 심하게 틀릴 경우 왜곡된 Logic Tree가 됨

- 어느 단계까지 분류할 것인지를 명확히 판단하여야 함
  - 더 세분화가 불필요할 때 까지 분류하여야 하나 어느 단계에서 Stop할 것인지는 구성원들의 합의가 필요

- 이미 작성된 Logic Tree를 가지고 연습해 보고 이를 잘 활용함

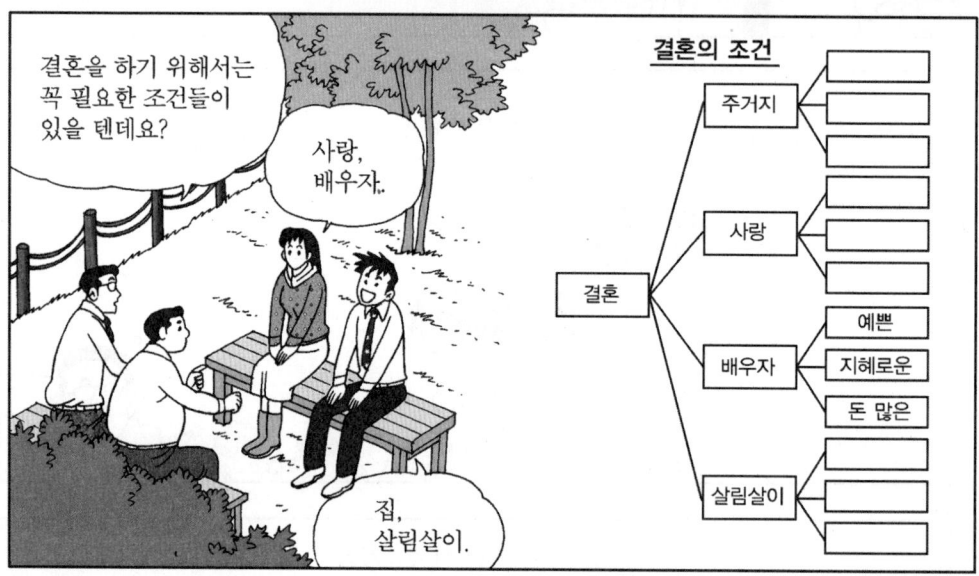

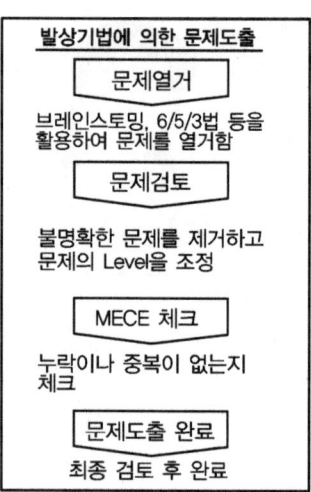
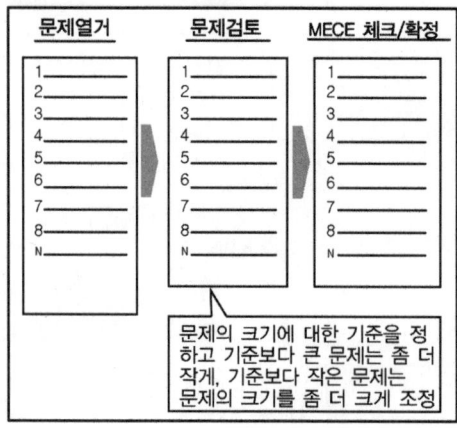

문제 우선순위 평가 및 핵심문제 선정

도출된 문제	측정지표 (단위)	목표	현상	문제	치명도 70%	빈도 15%	확대성 15%	종합 평가	순위	
수율 미달	수율(%)	94.3	93.0	1.3	5	5	5	500	1	핵심문제
누출불량 발생	누출불량율(%)	1.22	1.43	0.21	4	3	4	385	7	
검사공정 Capa부족	Capa(K)	120	107	13	4	4	4	400	2	핵심문제
개발 모델 Buyer Sample 지연	지연일수(일)	0	7	7	3	4	1	285	12	

평가 Guide(예시:치명도)

치명도	기 준	점수
매우 높음	안전에 영향을 미침	5
높 음	동작불능	4

보 통	성능저하	3
낮 음	불편을 느낄 정도의 불량	2
매우 낮음	불편을 인식하지 못함	1

팀 프로젝트의 경우에는 핵심문제별로 과제해결팀이 별도로 구성되는 경우도 있음.

나! 먹통!

핵심문제는 하나만 선정하는 것인가요?

아닙니다. 하나 이상을 선정할 수 있습니다.

그리고 평가지표(기준/항목)는 테마의 목적, 경영자의 관심, Issue 등에 따라 결정합니다.

핵심문제가 선정되면 개선과제 기술서를 작성해야 하는데 작성하는 목적은 문제를 좀 더 명확히 정의하고

추진 방향을 설정하기 위한 것입니다.

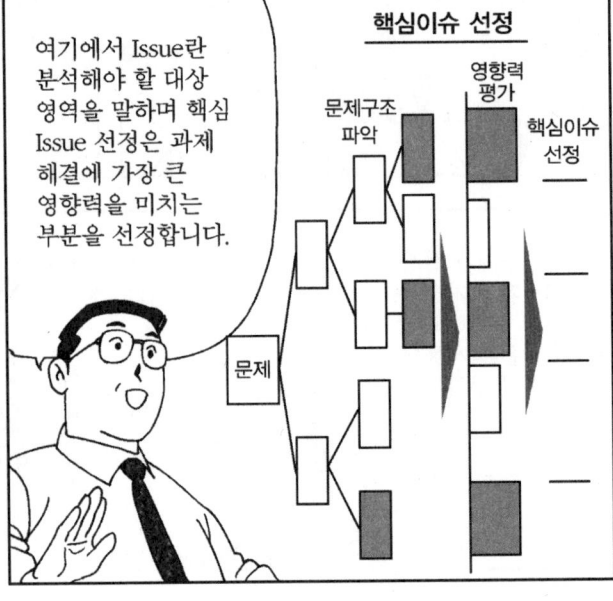

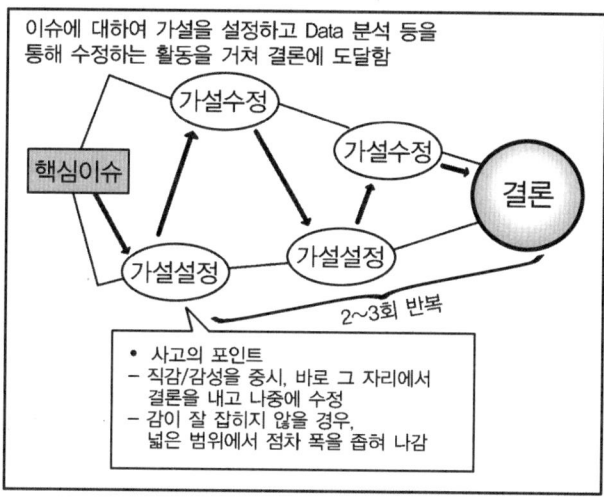

가설검증 계획서

핵심 ISSUE	가 설	검증내용	검증방법	정보원	담당자	일 정
현업직무와의 연계성	현업의 다양한 니즈를 반영하지 못하고 있음	문제해결 기여 여부	-자료분석 -인터뷰	-교육자료실 -교육대상자	-홍길동 -김처선	-8/3~8/6 -8/3~8/8
이슈란 확인할 필요가 있는 대상	이슈가 어떤 형태를 취하고 있는가를 기술한 것	검증하는 데 필요한 분석내용	검증하는 데 필요한 도구나 방법	자료를 수집할 수 있는 Source나 방법	분석 담당자	분석일정

가설검증은 문제분석 단계뿐만 아니라 프로세스상 필요한 단계에서는 모두 실시함

원인분석

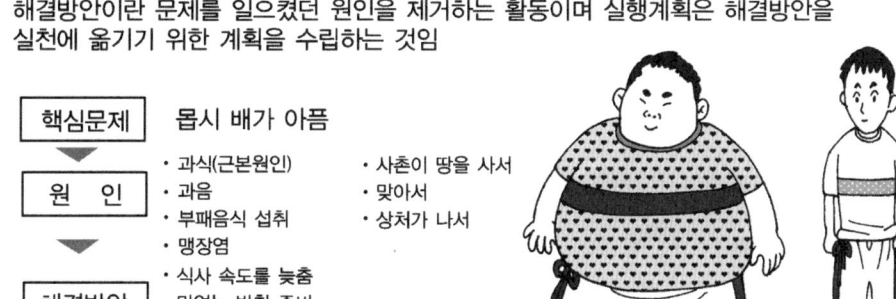

원인분석 절차

☞ 원인분석이란?
문제를 일으킨 요인이 무엇인지 파악하고 분석하는 과정

☞ 프로세스

	원인도출	근본원인 선정
정 의	·문제를 일으킨 원인도출 ·문제가 큰 경우에는 원인을 작은 단위로 세분화하는 작업을 실시	·2:8의 법칙에 따라 효과와 실행가능성이 큰 부분을 핵심원인으로 선정.
Tool	·Why Tree ·Fishbone Diagram ·5Why ·Brainstorming	·상대평가 ·절대평가
Output	·도출된 원인 ·Why Tree ·Fishbone Diagram	·평가현황 ·근본원인

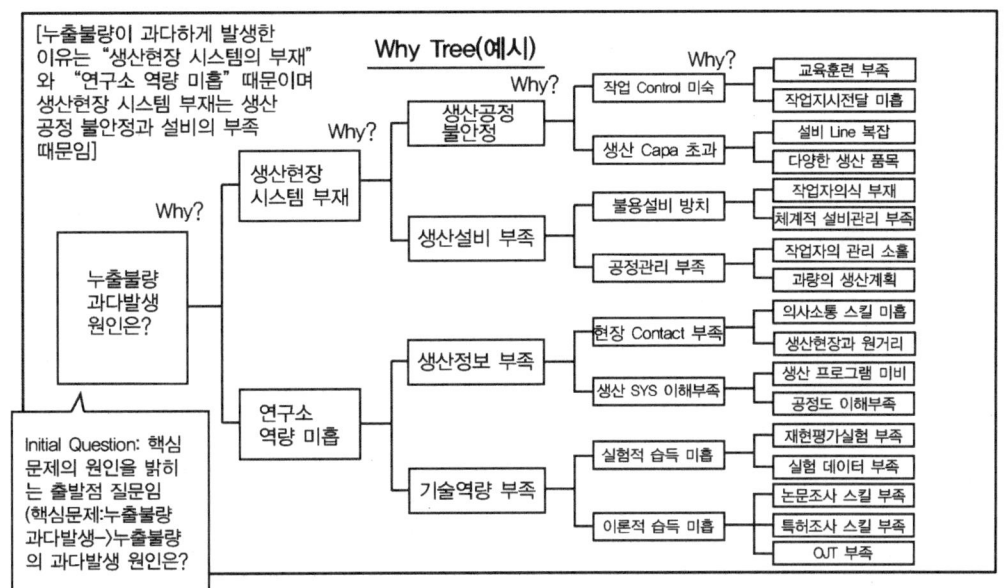

해결안 개발

정보화 사회에서는 고객들에게 일등 상품, 일등 서비스를 제공하지 못하면 생존을 보장받기 어렵습니다.

그러나 일등이 되는 것은 어렵지 않습니다. 왜냐하면 창의력을 발휘하면 되는 일이기 때문입니다.

디지털 환경에서는 기술의 변화 속도가 빠르고

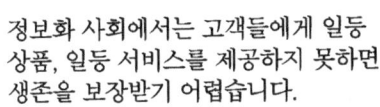

(아날로그)
- 과거로부터 미래를 예측
- 수요가 공급보다 많아 만들기만 하면 팔리던 시대이므로 창의력을 크게 요구하지 않음

(디지털)
- 001101011011010=?
- 미래에 대한 예측이 어려움
- 수요보다 공급이 많아져 경쟁사보다 낮은 가격, 차별화된 제품이나 서비스를 고객들에게 제공하기 위해서는 창의력이 절실히 요구됨

공급이 수요를 초과하며 Share 경쟁은 격화되며 경쟁의 중심이 Cost와 Service로 옮겨지면서 Cost는 반으로 줄이고 Service는 두 배로 올리라고 하는 모순된 점들을 해결하지 않으면 안 되는 상황에 놓여 있으며 이러한 모순된 점들을 해결하기 위해서는 창의적으로 업무를 수행하지 않으면 안 되게 되었습니다.

요즘 들어 경영자들은 흔히 첫 번째도 창의요, 두 번째도 창의이며, 세 번째도 창의라고 외칩니다.
그만큼 창의력이 중요한 시대가 도래한 것입니다.

창의력을 발휘하라!

창의력을 발휘하라!

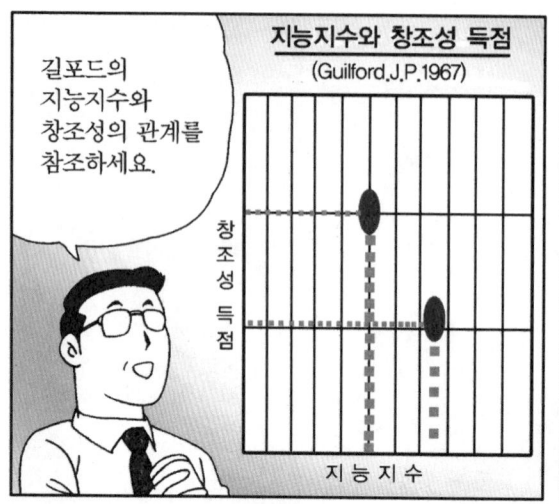

상상력은 지식보다 중요하다-아이슈타인
인간의 두뇌가 생각할 수 있는 것은
언젠가 누군가 이루고야 만다-쥘 베른
('해저 2만리'에서 잠수함을 상상)

창의력을 효과적으로 발휘하기 위해서는 첫 번째로 심리적 타성을 극복하여야 합니다.

세계 최초로 만든 증기기관차의 바퀴가 어떤 모양이었는지 아시나요?

둥근 모양이 아니었을까요?

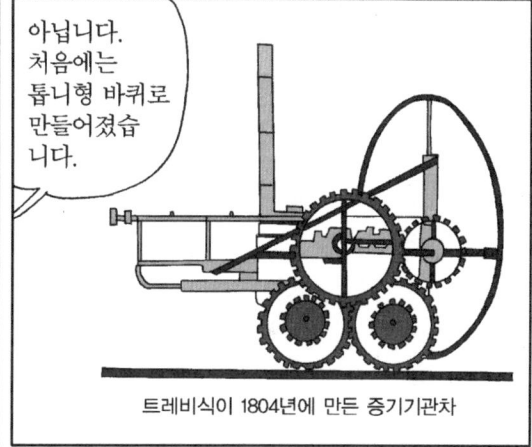

아닙니다. 처음에는 톱니형 바퀴로 만들어졌습니다.

트레비식이 1804년에 만든 증기기관차

왜냐하면 둥근 바퀴는 브레이크를 밟아도 관성에 의하여 기차가 계속 질주할 것이라는 Paradigm에 사로잡혀 있었기 때문입니다.

이 위대한 발명가도 둥근 바퀴를 창안하기까지 3년 정도의 시간이 더 필요했다고 합니다.

아하! 그렇구나.

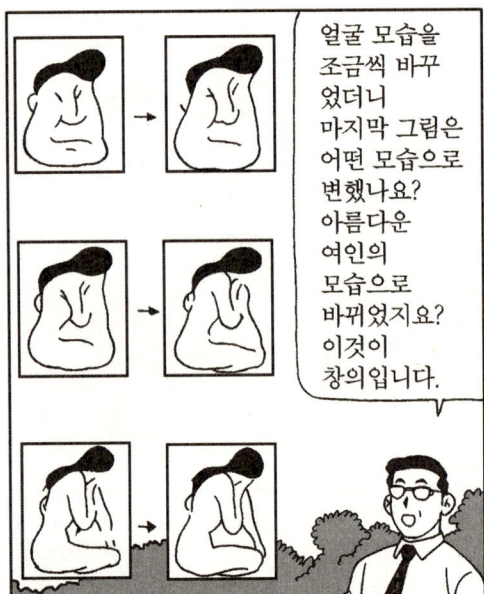

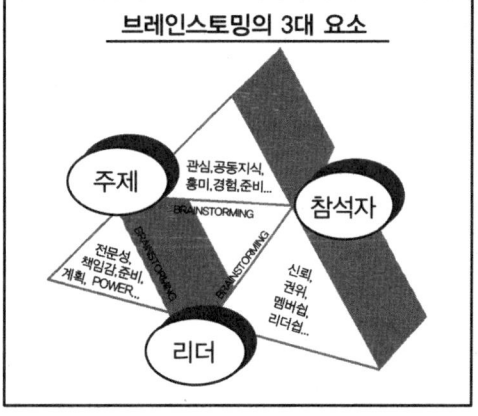

너무 미리 통보하면 회의에 대한 관심에서 멀어지기 때문입니다. 주제가 선정되었으면 5~6명으로 구성된 스토머를 정하고 리더를 중심으로

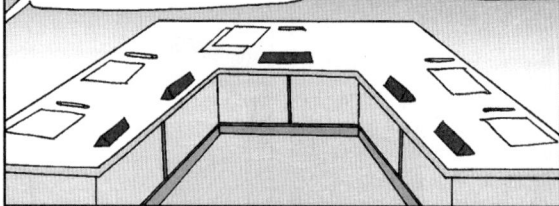

'ㄷ자'형으로 책상을 배열하며 아이디어 기록을 위한 종이, 매직 등을 준비하고 처음 나오는 사람에게는

주제와 브레인스토밍의 개략에 대해 하루 전에 설명해 줍니다.

리더는 어떤 사람으로 선정하며 리더는 스토밍을 어떻게 진행해야 합니까?

리더는 직급과 직책이 높다고 하여 선정되는 것은 아닙니다. 선정된 테마에 대한 전문성과 열정, 책임감과 리더십이 있고 참석자들에게 신뢰감이 있는 사람이어야 합니다.

리더의 역할

- 솜씨 있게 브레인스토밍을 진행함
- 자유롭고 유쾌한 분위기를 조성함
- 비판하는 사람이 있으면 그것을 잘 조정함
- 다른 사람의 아이디어를 모방하거나 결합하고 개선하는 것을 장려함
- 특정인을 지목하여 아이디어를 요구하지 않고 나오는 아이디어의 맥락과 카테고리를 살펴봄
- 4가지 원칙이 잘 지켜지도록 함
- 다양한 아이디어 발상기법과 회의 진행 방법을 습득함
- 아이디어를 분류하고 정리함

회의는 오전에 시작하는 것이 좋으며 도출된 아이디어는 분류, 정리하여 참가자에게 배포합니다.

서기는 아이디어의 원안대로 기록하고 일련번호를 붙이면서 기록합니다.

또한 참석자들은 다른 사람의 발언을 경청하고 지지하고 격려해 주는 자세를 가져야 합니다.

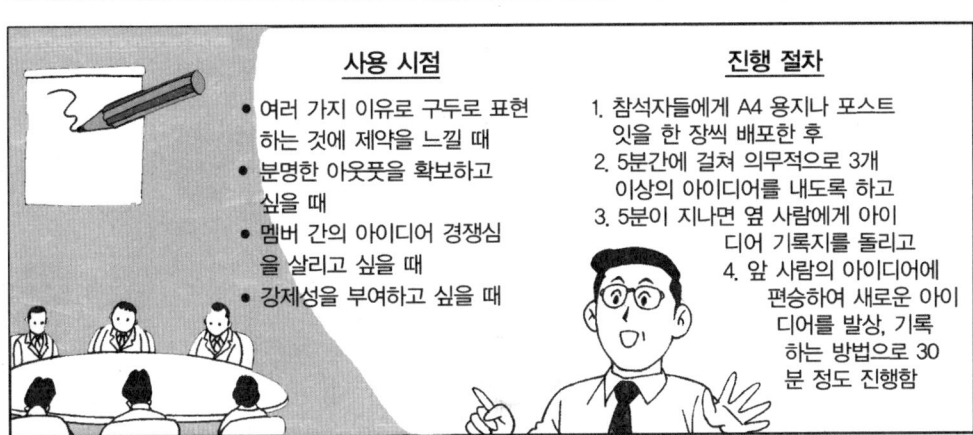

브레인스토밍에 막힘이 있는 경우 활용할 수 있는 다른 발상 기법은 없는지요?
오스본의 체크리스트법도 레인스토밍 진행 시 활용하면 매우 유용합니다.
이 종이컵은 음료를 마실 때 사용하는데 다른 용도는 없을까요?
촛불 시위용
전화기 놀이요.
재떨이, 야바위, 고래잡이 할 때요.
이와 같이 '다른 용도가 없는지?' 아이디어를 발상해 보 것이 오스본의 첫 번째 체크 리스트법입니다.
두 번째는 '다른 데서 아이디어를 빌릴수 없을까?'입니다. 예를 들어 우산을 연상하면서 집게양말걸이라는 아이디어를 도출해 낼 수 있겠지요.
세 번째는 '바꾸면 어떨까?'입니다. 의미나 색상, 냄새, 형태, 순서 등을 바꾸어 보는 것이지요. 예) 무색 음료 -> 유색 음료
네 번째는 '확대하면 어떨까?' 입니다. 예) 병->PET
축소하는 방법도 있을 듯 한데요?
물론입니다. '축소하면 어떨까?'라는 체크리스트법이 있습니다. 무언가를 제거하거나 작게 하거나 얇게 하는 등의 방법이지요.
머리가 괜찮은 사람이군♬

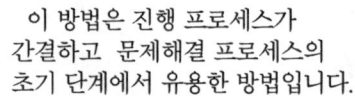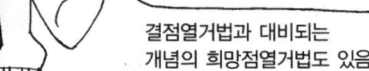

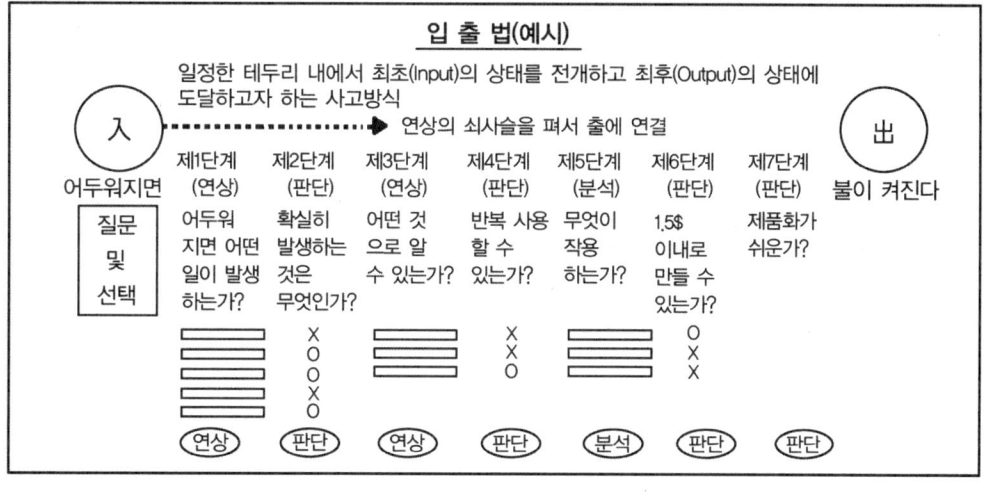

세 번째 기법은 Twist O(Overstatement)법으로 크기, 양, 수량, 면적, 길이, 빈도 등을 확대나 축소하여 과장해 보는 것으로 상식에 맞지 않을 정도로 극단적으로 과장하는 것이 중요합니다.

테마: 충치 예방 대책안

통 상	전환(과장)	아이디어
20살에 충치가 4개 정도 생긴다.	70살에 충치가 4개 정도 생긴다.	영구치가 나기 전 투약하면 충치가 생기지 않는 예방약품을 개발한다.
치약을 한 번에 3g~5g 사용한다.	치약을 한번에 0.5g 정도만 사용한다.	한 번에 0.5g씩 치약이 자동으로 나오게 하는 칫솔을 개발한다.

스키장에 가면 리프트 출발점에서 정상까지 10분 이상이 걸리는데 통상을 10분, 전환을 5초로 과장한 후, 전환으로부터 로켓이라는 아이디어를 도출해 정상까지 한 번에 오르는 방법을 생각해 낼 수 있겠군요.

아주 좋은 생각...

통상과 전환 모두에 숫자가 있네요?

이 기법은 크기나 수량 등을 과장하는 것이기 때문에 숫자가 반드시 들어가야 합니다.

다시 한 번 강조하지만 아이디어 발상기법을 활용하기 전에

심리적 타성을 극복하는 것이 선행되어야 합니다.

심리적 타성의 극복!

지금부터는 How Tree에 따라 해결안을 개발하는 방법을 설명하도록 하겠습니다.

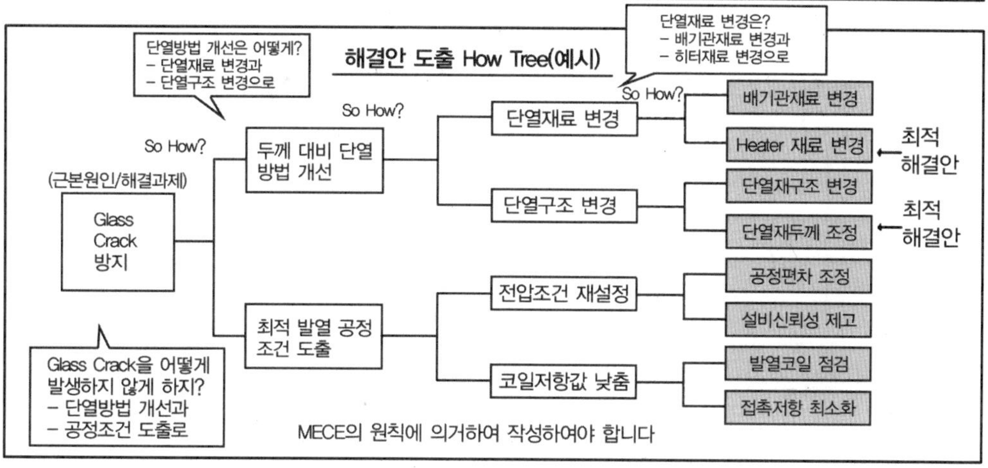

해결안이 모두 도출되면 다음의 Check List에 따라 몇 가지 사항을 검증합니다.

해결안 도출 Check List

- 고객의 Needs가 충분히 반영되어 있는가?
- 현장의 Idea는 충분히 반영되어 있는가?
- 근본원인을 제거할 수 있는가?
- 기존의 일상업무상의 개선안과 차별점은 무엇인가?
- Best 경쟁사와 해결안의 차별점은 무엇인가?
- 해결안이 실행되면 활동 초기의 목표가 달성되는가?

검증이 완료되면 실행할 해결안을 선정(채택)하기 위한 평가를 실시합니다.

해결안 평가 및 선정(예시)

해결안	평가 기준			점수	순위	채택
	효과	실행가능성	긴급성			
배기관재료 변경	2	4	1	7	7	불채택
히터재료 변경	5	4	4	13	1	채택
단열재구조 변경	3	3	4	10	3	불채택
단열재두께비 조정	4	5	3	12	2	채택
공정편차 최소화	2	5	1	8	6	불채택
설비신뢰성 재고	2	3	1	6	8	불채택
발열코일 점검	5	2	2	9	5	불채택
접촉저항 최소화	4	3	3	10	3	불채택

평가기준은 3~4개가 적합하며 주관을 배제하고 평가해야 합니다.

해결안 평가에서는 가중치를 부여하지 않나요?

해결과제의 목적이나 성격에 따라 필요시에는 평가기준별로 가중치를 부여합니다.

Cross Matrix법과 Pay-off Matrix 평가법 및 실행계획 수립 방법에 대해서는 김 과장이...
난 잠시 사장님 면담이 있어서요.

알겠습니다. 팀장님, 다녀오십시오.

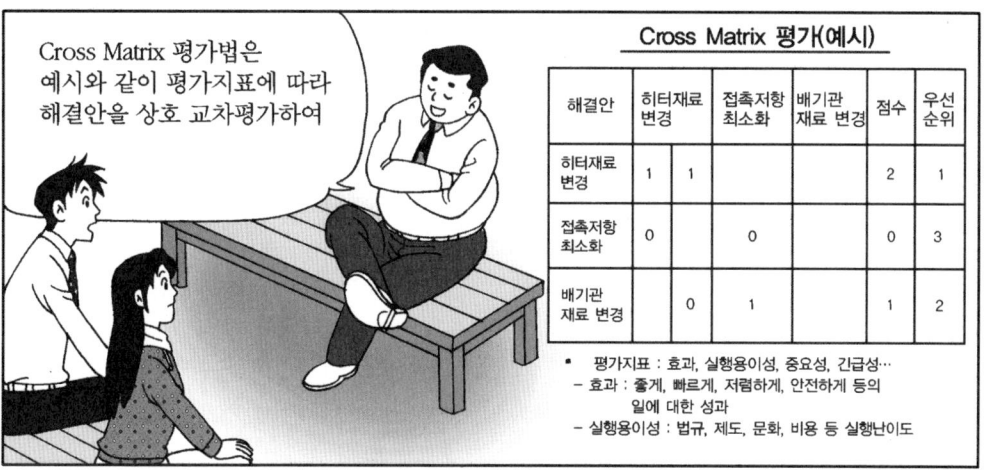

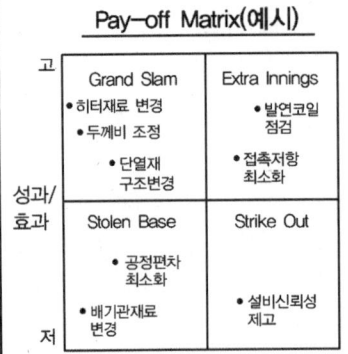

평가 시 고려사항

가능한 한 구체적인 평가 Guide를 수립하여 이에 근거하여 객관적으로 평가하여야 하며 평가자 간 편차가 클 때에는 충분한 Consensus를 이루고 평가단계에서도 새롭고 독창적인 아이디어가 도출될 수 있으므로 서로 적극적으로 지지하고 격려해 주어야 합니다.

이러한 평가과정을 통하여 선정된 최적의 해결안이라 하더라도 개념적이고 추상적인 내용들도 있을 수 있어 이를 좀 더 구체화한 후 실행계획을 수립하는 것이 바람직합니다.

해결안을 도출하는 과정에서 이미 구체화된 방안에 대해서는 어떻게 하죠?

실행계획을 수립하여 곧바로 실행하면 됩니다.

구체화 방법은요?

먼저 해결안에 대한 구조를 파악하고 두 번째는 개발 포인트를 도출하며 세 번째는 Output Image를 설정하고

Image 설정이 끝나면 전문가의 조언이나 시뮬레이션에 의한 검증을 실시한 후 실행 프로그램을 완성합니다.

평가항목	Worst	Best
팀 내 조직 활성화	팀 내 커뮤니케이션 활성화	부서 내 의사결정 Lead Time 단축: 9hr->2hr
통화품질 향상	교류회 실시	품질불량 개선: 불량율 8%->1%
시장점유율 확보	중국 시장 개척	중국 Share 확보: 금년 15%-> 3년 후 55%

목표 및 지표 Worst/Best(예시)

세부목표 설정(예시)

해결안	성과지표	현수준	C.G	S.G	달성시기	측정방법
히터재료 변경	재질	알루미늄	스테인레스	유리		
	가격(원)	3,000	2,500	700		
두께비 조정	두께(mm)	11	9	6		

◆ Commitment Goal은 자원을 고려하여 달성 가능한 최대의 목표를 설정하고 Stretch Goal은 업계 최고 또는 그 이상을 설정함

실행계획 수립

실행계획 수립 절차

☞ 실행계획 수립이란?
선정된 해결방안을 실무에 적용하기 위한 Action Plan 및 Follow-up Plan을 수립하는 과정.

☞ 프로세스

	실행체제 구축	Action Plan 수립	Follow-up Plan 수립	실행/Follow-up
정의	• 팀 프로젝트의 경우 필요시 해결안별 실행체제를 구축함	• 해결안을 실행하기 위한 구체적인 계획 수립	• 계획대로 실시되고 있는 지를 측정, 평가, 관리하기 위한 계획의 수립	• 계획에 의거 실행 Follow-up
Tool	• 체제구축 Sheet • 조직도	• Gant Chart • PERT • Contingency Plan	• Gant Chart	• Monitoring • 평가/진단 • Facilitating • 표준화 • 동기부여 • 메뉴얼화
Output	• 실행체제 • 추진조직	• Action Plan • Contingency Plan	• Follow-up Plan • Reduction Plan	• 성과/결과 • 문제점 • 표준서 • 개선안 • 메뉴얼

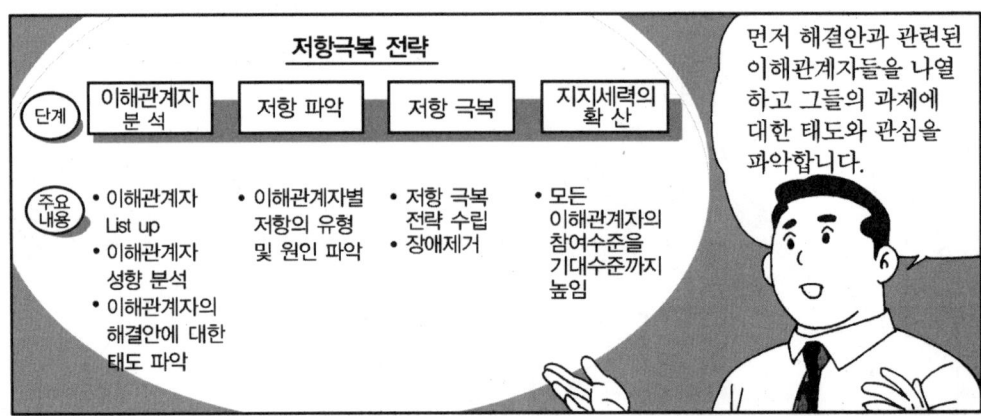

Theme 1
문제해결 Tool

Segmentation

- 시장(고객)은 특정 상품을 필요로 하는 모든 예상 소비자들의 집합체로서 이들은 제품을 구입할 Needs와 욕구를 가지고 있으며 수요량, 구매능력, 지리적 입지, 구매태도 및 습관 등 여러 가지 변수에 의한 차이점에 따라 수요의 이질성이 발생 함
- 시장세분화란 특정 시장을 서로 다른 마케팅믹스를 요구하는 고객 군으로 나누는 행위임. 소비자의 수요의 이질성에 따라 특정 상품의 전체 시장을 몇 개의 세분 시장으로 나누는 행위를 말함

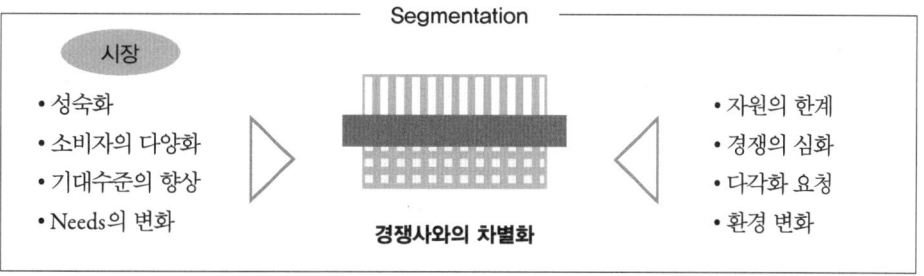

* 마케팅믹스는 표적 시장에서 마케팅 목표를 달성하기 위해 기업이 활용하는 마케팅 도구의 집합을 말하며 일반적으로 4P(Product, Price, Place, Promotion)를 가리키는 말이라고 할 수 있음

시장세분화의 이점

- 경영전략이나 마케팅전략을 효과적으로 실행할 수 있음
- 마케팅믹스를 효과적으로 조합할 수 있음
- 시장의 변화에 신속하게 대처할 수 있음
- 자원을 효율적으로 이용할 수 있음
- 표적 시장의 특성에 따라 Marketing Program과 이에 소요되는 예산을 효과적으로 수립할 수 있음

시장세분화의 요건

시장세분화는 어떠한 형태이든 회사의 이익과 연계시키는 것이 필요함
- 측정가능성: 구매 시장의 인구와 구매력을 측정할 수 있어야 함
- 접근가능성: 세분 시장에 접근할 수 있는 적절한 수단과 방법이 있어야 함
- 규모성: 하나의 세분 시장은 이익을 낼 만큼 어느 정도의 규모가 있어야 함
- 행동가능성: 세분 시장을 유인하고 영업활동을 할 수 있도록 마케팅 프로그램을 구성할 수 있어야 함

시장세분화 절차

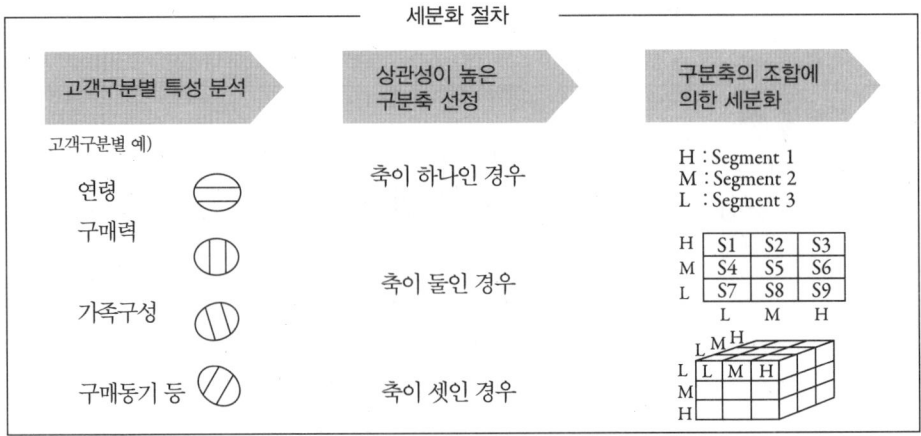

시장세분화의 실시

감도가 높은 구분을 조합하여 새로운 Segmentation을 실시하며 Segment별로 KFS(Key Factors for Success)에 맞추어 Business의 구체적 대책을 수립

냉장고 시장 Segmentation (예시)

기능 \ 용량	500L 이하	500~700L 이하	700L 이하
냉장+냉동	농촌 지역 저소득층		
특수기능 (와인 등)		중소도시 지역 -중간계층 -젊은 계층	
정수기			대도시 지역 고소득층

개폐기 시장 Segmentation (예시)

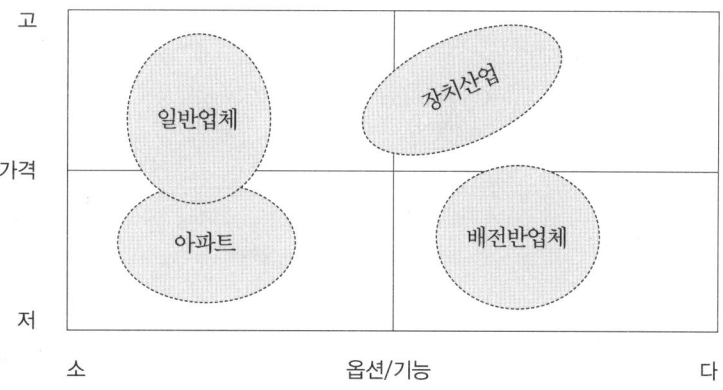

3C/FAW

3C

사업환경을 구성하는 요소인 고객, 자사, 경쟁사를 3C라고 하며, 자사와 경쟁사가 고객에게 어떻게 대응하고 있는지를 분석하여 전략과제 등을 도출하는 데 활용되는 도구이다.

FAW(Force at Work)

정부 정책, 국제 관계 등 경영 또는 사업환경에 영향을 미치는 Macro한 요인을 말하며 전략수립 등에 유용하게 활용되는 도구이다.

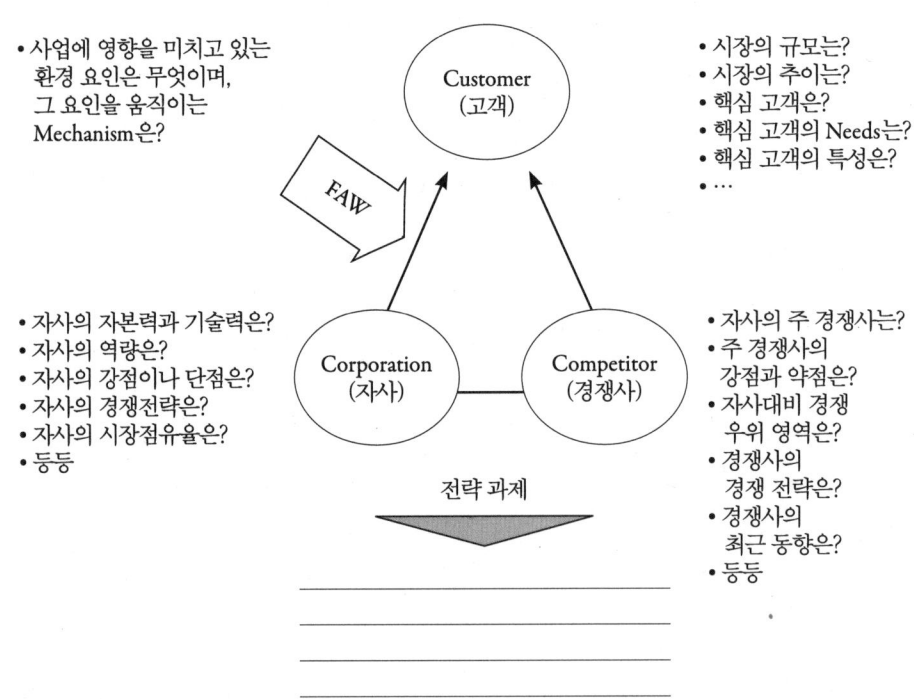

3C/FAW 분석 포인트

고객 분석 예시

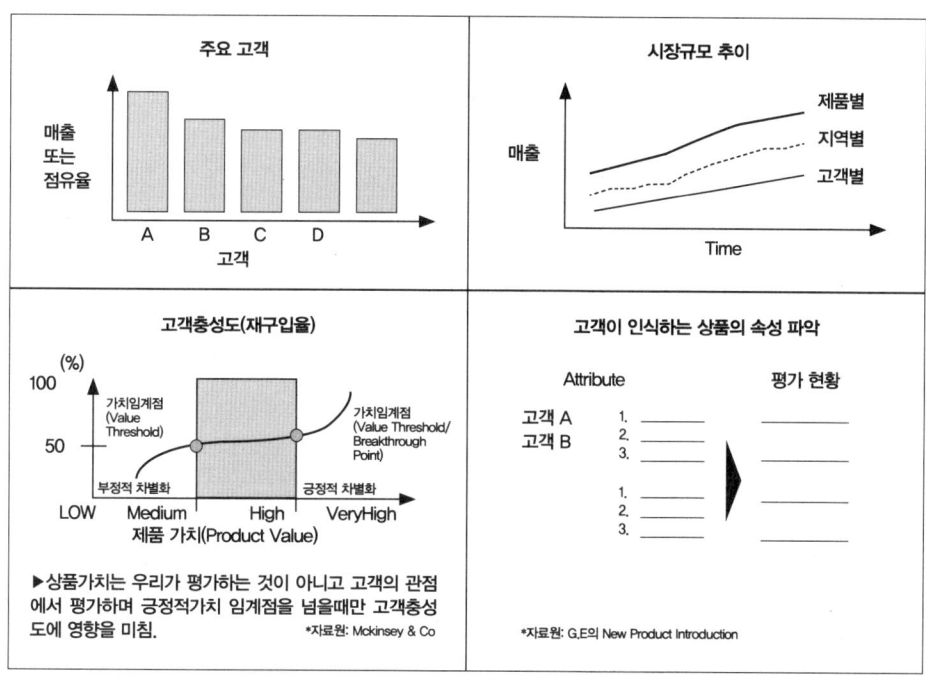

경쟁사 분석 예시

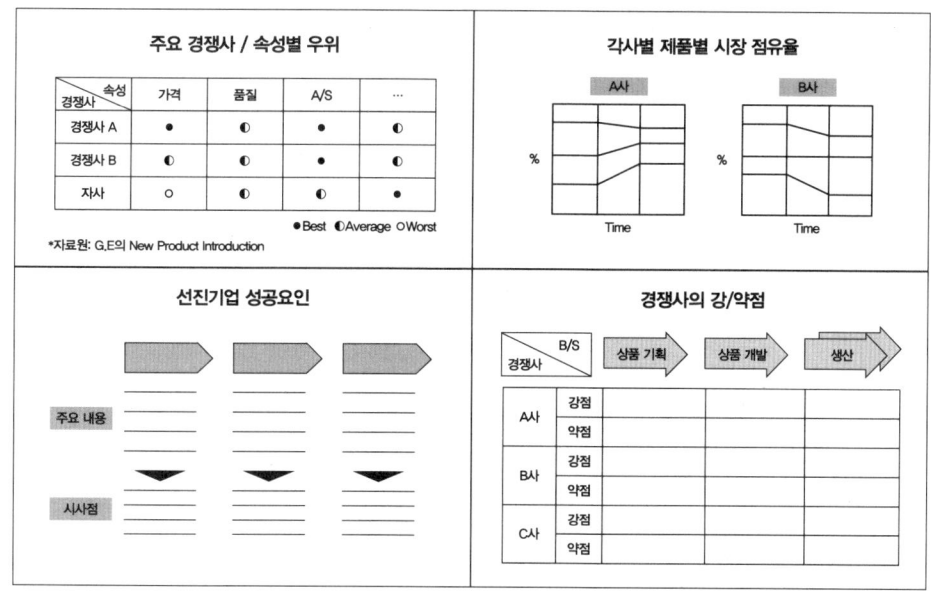

자사 분석 예시

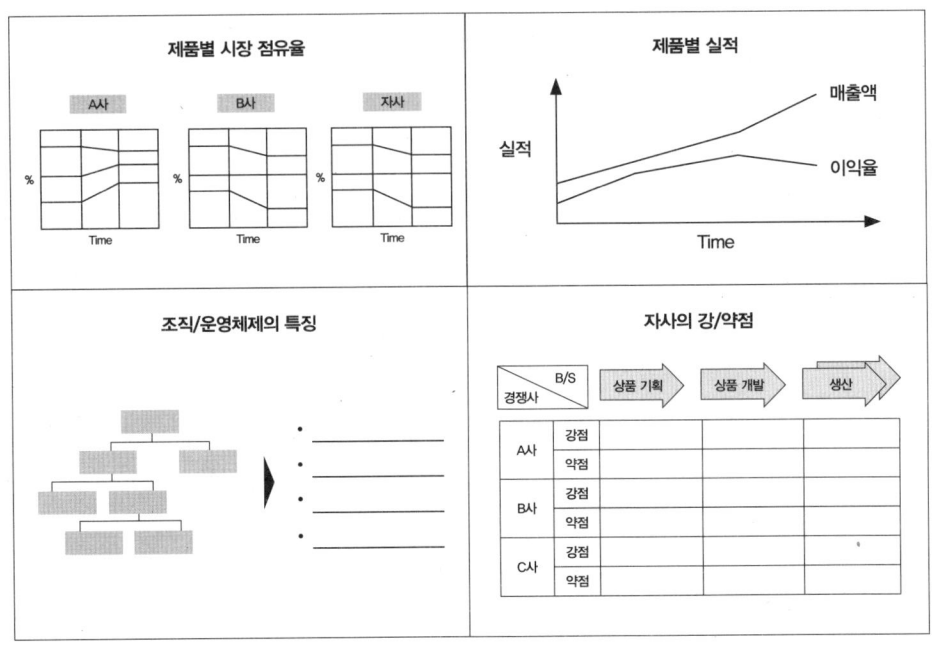

FAW(Forces At Work)

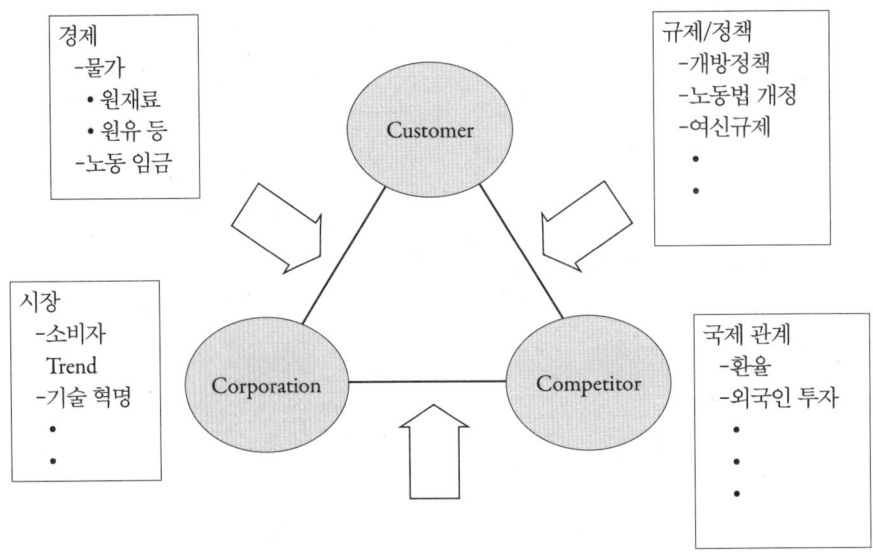

3C/FAW 분석 예시

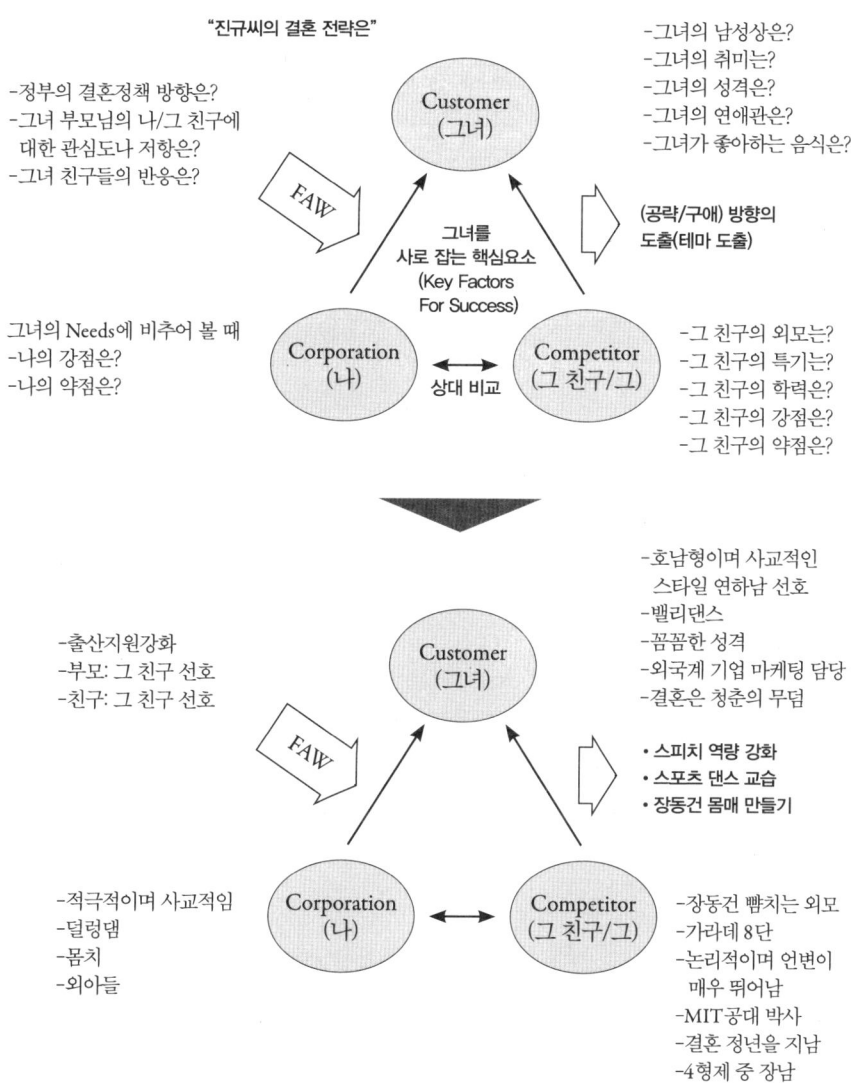

Business System

Business System이란 상품 및 서비스가 고객에게 도달할 때까지의 주요기능들을 연결한 것으로 조직을 Input과 Output의 시스템으로 보아 이를 재구축하거나 부분별로 강화하여 경쟁사와의 차별화 전략 등을 도출하는 데 사용된다.

```
                    Business System

  ┌─────┐    ┌──────┬──────┬──────┐    ┌──────┐   고
  │Input│ ▶  │ R&D  │ 생산 │ 판매 │ ▶  │Output│ ▶ 객
  └─────┘    └──────┴──────┴──────┘    └──────┘
   • 에너지,                              • 제품
  자본, 기술, 재료, 부품…                  • 서비스
```

- Business System은 문제를 발견하거나 해결하는 데 사용되며 문제를 빠짐없이 도출하고 전략을 효율적 효과적으로 수행하기 위한 대책안을 구체화할 수 있으며 해결안의 정합성을 파악하는 데 활용됨

7S

개념

조직을 단순히 조직도로만 보는 것이 아니라 7가지 요소에 의해 다면적으로 이해하는 Tool

조직이란 조직구조(Structure)만을 뜻하는 것은 아니며 같은 조직구조도 조직이 다를 수 있음

조직을 Hard, Soft 측면에서 파악
- 조직을 다수의 요소로 이해(7S)
- 조직은 사람만이 아닌 사람과 시스템임

맥킨지의 7S Framework

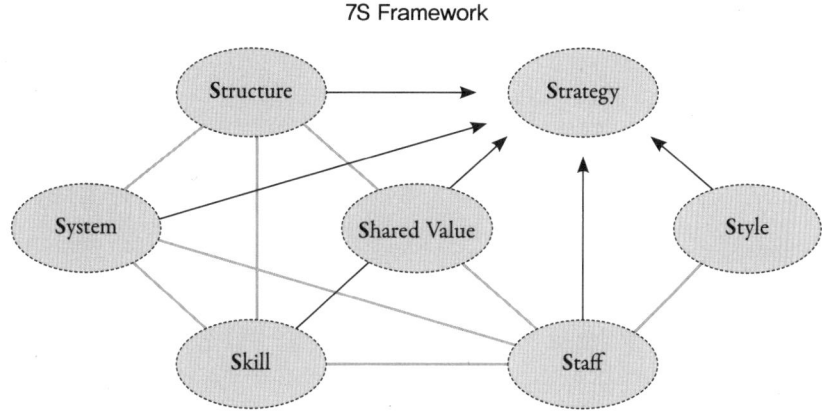

Shared Value(기업이념)
회사와 개인 행동에서 무엇이 옳고 바람직한가에 대하여 조직과 구성원에게 공유되어 있는 가치
예) Risk가 있는 일은 하지 않으려고 함

Strategy(전략)
지속적인 경쟁우위를 확보하기 위한 일관된 행동 예) 중국 시장 진출 교두보를 마련하기 위한 대책 미흡

Structure(조직구조)
조직도상 누구에게 보고하며 어떻게 업무를 분장하고 통합되는가를 규정한 것 예) 조직의 관료화와 비대화에 따른 의사결정의 지연, 책임과 권한의 불명확

System(운영제도)
업무가 수행되는 과정과 절차 예) 현장혁신 활동 포상규정 미흡

Staff(인재)

조직을 구성하는 사람 예) 신규분야에 대한 전문가의 부재, 기술전략가 부재

Skill(조직능력)

조직 전체가 가지고 있는 능력 예) 퍼지 전문기술력 부재, 상품기획력 미흡

Style(기업풍토)

조직구성원들이 공통적으로 가지고 있는 태도나 행동 예) 불평등주의

Value Chain

전통적 가치사슬(예시)

지원 활동	Firm Infrastructure					Margin
	Human Resources Managment					
	Technology Development					
	Procurement / Accounting & Finance					
본원적 활동	Inbound Logistics	Operation	Outbound Logistics	Marketing & Sales	Service	Margin: Added Value

　가치사슬이란 한 기업의 활동을 전략적으로 연관성이 있는 몇 개의 프로세스로 나누어 부가가치 창출을 위한 기업 내 각 부문의 활동과 연계구조를 분석하여 기업의 강점과 약점, 원가발생의 원천, 경쟁기업과의 차별화의 원천을 분석해 보는 도구로서 과거에는 기업 내부의 가치사슬만을 분석하였으나 디지털 경영환경에서는 공급자로부터 고객에 이르는 모든 부문에 대한 가치사슬의 구조를 분석한다.

전통적 가치사슬

기업의 하부구조, 인적자원관리, 기술개발 등 지원 활동과 물류투입, 운영, 생산, 판매 및 서비스의 본원적 활동으로 이루어진 기업 내부 중심의 사슬 구도로 되어 있음

가치사슬의 역류

고객의 주문으로부터 가치사슬이 시작됨

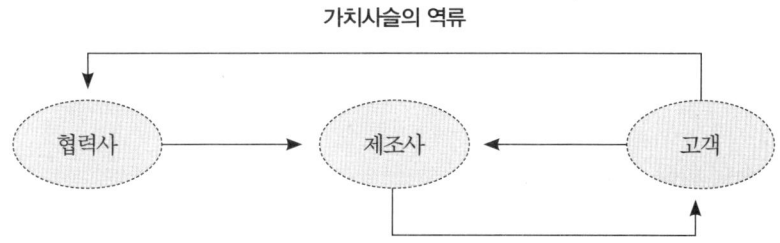

가치사슬의 해체

기업의 가치향상 및 비용저감을 위하여 핵심역량, 시장지향 기능만 조직 내에 두고 기타 부문은 Outsourcing함

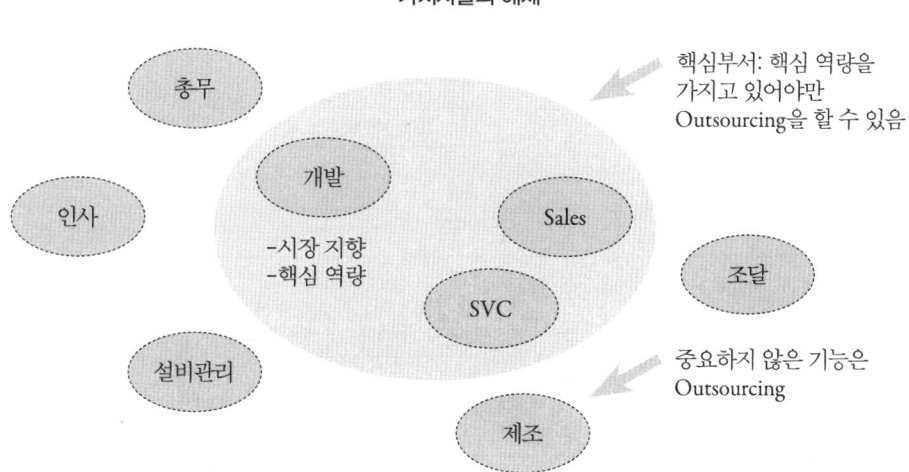

가치사슬의 통합

기업 간 수직적, 수평적 제휴에 의한 새로운 가치사슬의 구축과 Platform Business
- Super Vender형: 업계표준을 장악한 전문업체가 막강한 네트워크를 형성
- 고객접점 장악형: Customer Care에 해당하는 업체들이 고객접점을 장악, 이를 바탕으로 문제해결 Vendor장악

가치사슬의 강화

경쟁우위의 요소나 역량을 강화한 가치사슬 구조(예, R&D 강화, A/S 강화 등)

가치사슬의 확장

공급자 및 고객 등 외부 프로세스까지 연결한 가치사슬 구조

SWOT 분석

SWOT Matrix는 기업 내부(혹은 조직, 팀, 개인도 포함)의 강점 및 약점과 외부 환경의 기회, 위협요인을 분석 평가하고 이들을 서로 연관지어 전략을 개발하는 Tool 이다.

SWOT Matrix

SWOT Matrix		내부환경 요인	
		강점 (Strenghts)	약점 (Weakness)
외부환경 요인	기회 (Opportunities)	SO 내부강점과 외부 기회요인을 극대화	WO 외부 기회를 이용하여 내부 약점을 강점으로 전환
	위협 (Threats)	ST 외부위협을 최소화하기 위해 내부 강점을 극대화	WT 내부약점과 외부 위협을 최소화

SWOT Matrix (예시)

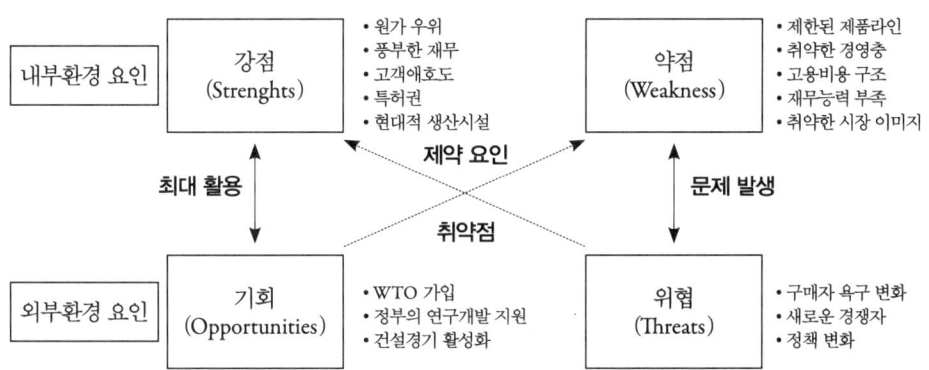

SWOT Matrix 과제 도출 (예시)

외부 환경 분석 \ 내부 환경 분석	강점(S) -브랜드 이미지 -시장 점유율 -설치 능력	약점(W) -A/S 대응력 미흡 -정보수집 능력 -제품 품질 저하
기회(O) -아파트 분양 금액 차별화 -대형 프로젝트 허가 -그린벨트 해제	SO -고급형 제품 개발 -설계사무소 Spec-in 참여 -대형 할인점 수요 파악	WO - PM제도 도입 -건설사 입찰 동향 파악 -A/S망 재구축
위협(T) -정부 규제 정책 -공사 중단 및 취소 -건설경기 위축	ST -계약전후 업체 신용도 조사 -소형거래선 발굴	WT -업체 자금사항 파악 -신제품 적극 홍보

SWOT 분석을 통한 전략

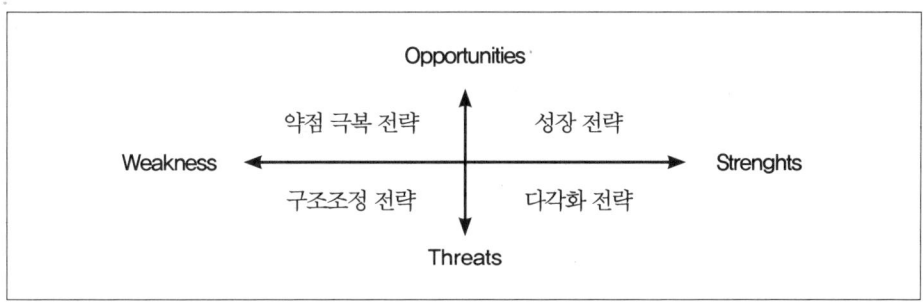

4P

앞에 기술한 마케팅믹스를 구성하는 4가지 요소인 Product, Price, Place, Promotion 를 분석하여 마케팅 전략 등을 수립하는 도구이다.

Product

제품, 제품구색, 제품이미지, 상표, 포장 등

Price

상품가격의 수준과 범위, 가격결정 기법, 판매조건 등

Place

유통경로, 물류 및 재고관리, 도매상 및 소매상 관리

Promotion

광고, 인적 판매, PR, 판매촉진 등

4P 분석 (예시)

	고객/환경	자사/경쟁사	
Products	• New Concept 제품 요구 • 중고등학생의 톡톡 튀는 디자인 선호도 증가	• 경쟁사에 비하여 제품 개발 경험이 부족함 • 다세대상품 개발계획에 따라 구체적인 필요기술 확보 방안이 수립되어 있음	▶ • 상품개발 핵심 인재 육성시스템 구축 • 상품개발 프로세스 재설계
Price	• 가격과 품질을 동시에 요구 • 정부의 물가 안정 정책 강화	• 경쟁사의 공격적 가격 전략 • 동남아시아 저가 제품의 국내 시장 진입 • 경쟁사의 원가 혁신 노하우 확보	▶ • 부품 공급자 신규 개발

Place	• 고객들의 대형 점포 선호도 증대 • 서비스센터에 대한 접근성 용이	• 초대형점 유통망 재편성 • A사의 서비스센터 M&A • 유통망 관리시스템 부재 • 물류비용의 증대	▶	• 선진 물류 시스템 도입
Promo-tion	• Brand 민감도 증가 • 상품에 대한 정보수집의 용이성 • 옥외광고 규제 강화	• CI 및 社名 변경 • Brand 인지도 저하 • 광고경쟁력 취약 • 판촉 차별화 불충분	▶	• Brand Management 강화

• 내부 기술컨설팅 그룹 신설 ・ 고객 Needs 분석 프로그램 개발

산업구조 분석 (포터의 5Fs 모델)

산업구조 분석은 산업 내의 5개 경쟁관계를 분석해 보는 것으로서 그 첫 번째 목적은 특정 산업의 매력도를 확인하는 것이다. 특정 산업에 진입한 기업의 장기적 투자수익률로 측정될 수 있는 산업의 이익잠재력이 바로 산업의 매력도를 의미하는데, 이 산업매력도는 제품시장에 대한 투자결정을 할 때 매우 중요한 기준이 된다. 특정 산업에 진입해 성공할 수 있느냐의 여부는 크게 기업의 경쟁적 강점과 약점이 어디에 있느냐와 함께 산업 자체의 매력도에도 크게 의존하게 된다. 산업분석의 두 번째 목적은 특정 산업에서 성공할 수 있는 핵심성공요인이 무엇인지를 파악하여 전략과제를 도출하는 것이다. 어떤 산업에서 경쟁을 하기 위해서는 최소한 그 산업에서 요구되는 핵심성공요인의 여러 기준을 만족시킬 수 있어야 한다. 만약 한 기업이 성공을 위해 반드시 필요한 요소에 대해 전략적 약점을 가지고 있고 또한 이러한 약점이 잘 구상된 전략에 의해서도 극복될 수 없다면 그 기업의 경쟁력은 약화될 것이다. 지속적 경쟁우위는 대개 이러한 핵심성공요인에 근거하므로 성공적인 기업이 되려면 이러한 핵심성공요인에서 경쟁기업보다 강점을 갖고 있어야 한다.

산업구조 분석 내용
① 기존 경쟁기업

기존 경쟁기업과의 경쟁의 강도는 경쟁기업의 수, 제품차별화 정도, 고정비가 전체 비용에서 차지하는 비율, 진입장벽 및 철수장벽의 유무 등에 따라 달라질 것이다. 경쟁기업이 많으면 많을수록 경쟁은 더욱 심해지며 특히 그들의 목표와 전략이 다양한 경우 경쟁은 더욱 심해진다. 제품차별화가 어려울수록 가격경쟁이 심해질 것이고 따라서 수익성은 크게 떨어지게 된다. 고정비용이 높은 산업일수록 설비가동률을 높이기 위하여 가격경쟁을 시도하려 할 것이다.

② 잠재적 경쟁기업

잠재적 경쟁기업이 실제로 어떤 시장에 진입하는 것은 진입장벽의 크기에 달려 있다. 그래서 진입장벽 분석은 미래의 경쟁 강도와 수익성 수준을 추정하는 데 매우 중요하다. 진입장벽에는 필요한 투하자본, 규모의 경제, 유통경로, 제품차별화 등이 있다.

③ 대체재

대체재는 가장 직접적인 경쟁업자보다는 경쟁의 강도가 낮은 기업들에 의해 생산되는 경우가 많다. 이들 대체재는 원래의 상품과 실질적 경쟁을 하고 있으며 그 산업의 수익성에도 영향을 미칠 수 있다.

④ 구매업체의 교섭력

고객이 상대적으로 판매자보다도 더 힘이 있다면 고객은 그 기업의 수익성에 영향을 미치는 가격인하와 높은 서비스를 요구할 수 있을 것이다. 특정 고객의 구매량이 판매자의 전체매출액에서 큰 비중을 차지하거나, 구입선을 바꿀 수 있거나, 고객 주도하에 후방통합을 할 수 있을 때, 고객의 교섭력은 높아질 것이다.

⑤ 공급업체의 교섭력

소수 기업에 의해 공급이 집중적으로 이루어지거나 고객기업의 산업이 다양하게 분산된 상황에서는 공급자가 가격에 영향을 줄 수 있는 상대적 힘을 가진다. 이 교섭력은 또한 고객이 그들에게 공급하는 공급자를 교체할 경우 감수해야 할 전환비용이 높을 경우에 더욱 커진다.

산업구조 분석 모델

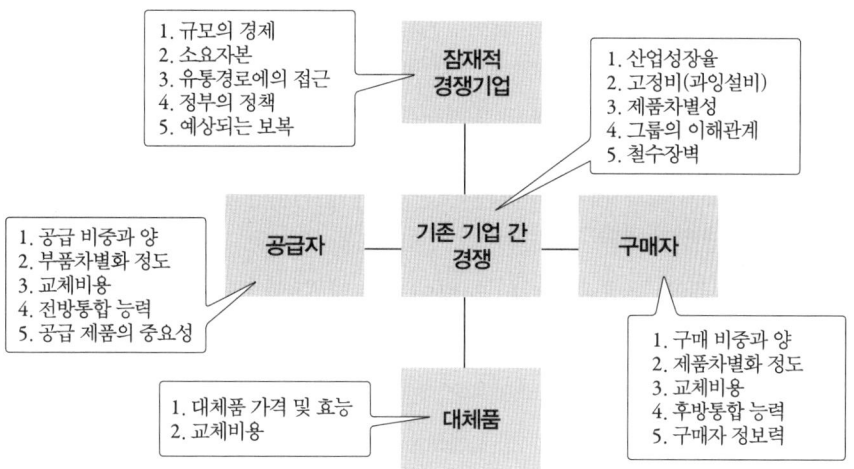

직무분석

개인 또는 조직의 업무를 몇 개의 직무군으로 나누고 이를 세부적으로 분석하여 핵심업무 파악, 중복업무나 낭비업무 발견, 문제도출, 업무분장, 신입사원 교육, Training Road Map 개발 등에 사용한다.

작성 절차

1. 분석 목적을 설정함
- 핵심업무를 선정하기 위한 것인지 아니면 T.R.M을 개발할 것인지 분석의 목적을 명확히 함
- 분석목적에 따라 분석 방법, 핵심업무 평가기준과 방법이 다름
2. 직무군(대분류)을 도출함: 직무군 가짓수는 7±2 가 적절함
3. 직무군이 도출되었으면 세부적으로 하위 전개해 나감

- 일반적으로 대분류, 중분류, 소분류 3단계 분류를 하는 것이 원칙이나 4, 5단계 이상 분류도 가능
- MECE(전체에 대하여 중복이나 누락이 없는) 원칙에 따라 작성함
- 목적어+동사 형태로 기술함(~을 ~한다)
- Logic이 있는 경우 Logic 제시
- Should be의 개념으로 작성. 향후 6개월 이내 새롭게 도출된 업무는 기술하고 없어질 업무는 제외함

4. 분석 후 검증을 통해 중복이나 누락이 없는지, 동일 Level의 크기가 맞는지 검증한 후 업무분석을 완성함

업무분석 사례

대분류	중분류	소분류	KEY TASK 선정				
			빈도	중요성	긴급성	점수	판정
설비를 DESIGN 한다	설비의 종류를 정한다	P.O.S를 분석한다 오염 물질의 특성을 분석한다 설비를 결정한다 설비 Process를 결정한다	5	2	3	10	
	설비의 적정 규모를 정한다	주위 환경을 분석한다 전체 Lay-out을 결정한다 Utility Consumption을 예상한다 운전비를 예측한다 기술사양서를 작성한다					

(분석의 목적에 따라 평가항목이 달라짐
예) T.R.M 개발의 경우 교육의 필요성 등이 포함됨)

Process Mapping

Input을 통하여 Output을 도출하기까지의 일련의 과정을 프로세스라고 하는데, 이 프로세스를 도표로 표시하여 일이 어떻게 수행되는지 이해할 수 있게 하며 장애 및 문제점을 확인하여 현재의 업무수행 방법을 개선하거나 2~3개 조직의 작업관계를 개선하고자 할 때 사용하는 방법이다.

작성 절차

1. As Is Process Map 작성
- 투입물 및 산출물 산출 확인
- 접점부서 선정
- Process의 시각적 전개도 작성
- 장애요인이나 문제점 도출
- 문제의 명확화

2. Should Be Process Map 작성
- 바람직한 모습 설정
- 개선안 도출

3. Action Plan 수립

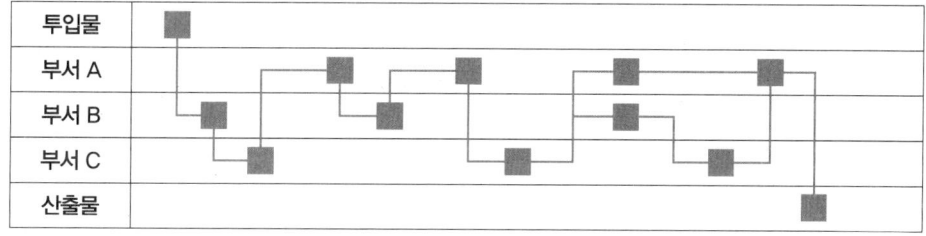

As Is Map

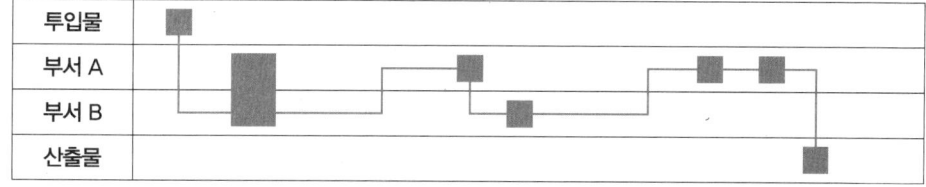

Should be Map

Cause/Effect Diagram(Fishbone Diagram)

일의 결과(특성)와 원인의 인과관계를 찾아내는 도구로서 문제의 근본원인을 찾아내는 과정을 그림으로 표시한 것임. 물고기의 뼈 모양을 하고 있다고 하여 Fishbone Diagram(漁骨圖)이라고도 하며 문제(특성)의 원인들을 대분류(큰 뼈, 큰 가지), 중분류(중간 뼈, 중간 가지), 소분류(작은 뼈, 작은 가지) 단위로 하위 전개하여 근본원인을 찾아가는 방식으로 진행한다.

작성 절차

1. 문제를 도출함
   업무상 발생되는 여러 가지 문제 중 핵심문제를 도출함
2. 핵심문제 기입 Box를 그리고 Box 안에 문제를 기입
3. 선을 긋고 화살표, 왼쪽에서 오른쪽으로 핵심문제를 기입한 Box까지 선을 긋고 화살표 표시
4. 원인을 도출함
   - 큰 가지를 그리고 1단계 원인을 기입. 제조현장에서는 큰 가지에 4M(Man, Machine, Material, Method) 등을 기술. 마케팅에서는 큰 가지에 4P(Product, Price, Place, Promotion) 등을 기술
   - 작은 가지를 그리고 2단계 원인을 기입
   - 더 이상의 원인 도출이 불필요할 때까지 하위 전개해 나감
   - 원인을 도출할 때에는 브레인스토밍 기법 등을 활용하여 진행 함

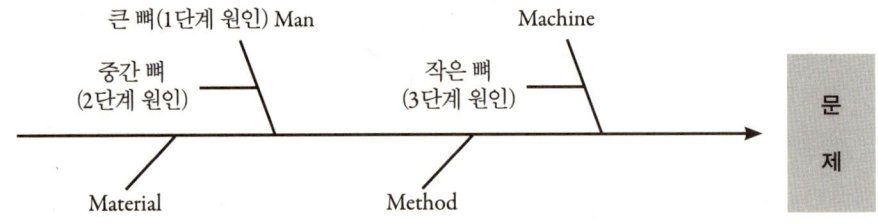

5. 원인을 확인함
   - 누락된 원인은 없는지 확인하고 추가함

- 문제와 원인의 인과관계가 명확한지 체크해 봄
6. 근본원인 선정
- 마지막 가지 중에서 문제에 가장 큰 영향을 미치고 있는 원인을 근본원인으로 선정함
- 근본원인으로 선정된 부분에 밑줄이나 색깔로 표시함
7. 관련사항을 기입함
   특성요인도가 완성되면 특성요인도의 제목, 작성 날짜 및 작성자 등 관련사항을 기입함

Fishbone Diagram의 용도
- 개선, 해석용: 품질향상, 능률향상, 원가절감 등을 목표로 현황을 해석하거나 개선할 때 사용
- 관리용: 불량 등 이상 발생의 원인을 파악하고 이에 대한 조치용으로 사용
- 작업표준 작성용: 작업방법, 관리방법 등 작업표준의 제정 및 개정에 사용
- 교육용: 신입사원의 교육 및 작업방법 설명 시 사용

작성 사례

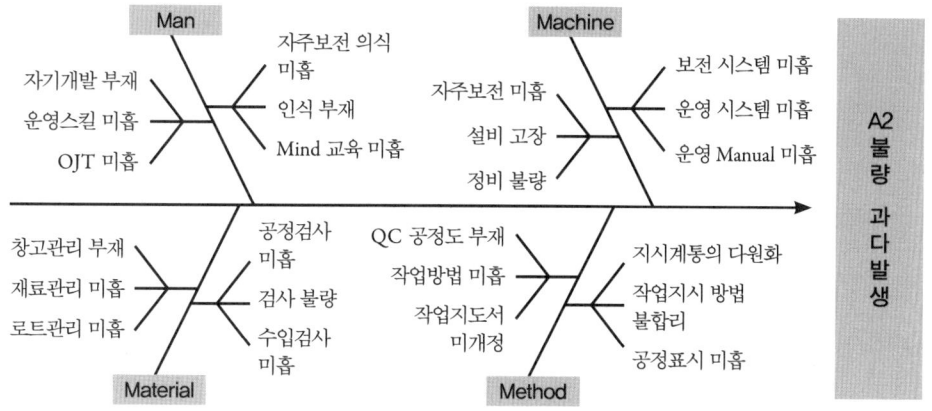

Fishbone Diagram

Logic Tree

주어진 문제나 과제 등에 대하여 서로 논리적으로 연관성이 있는 하부 과제들을 MECE 원칙에 따라 Tree 형태로 전개한 것으로서 논리적 사고의 촉진 및 폭 넓은 아이디어를 창출할 수 있는 도구이다.

MECE(Mutually Exclusive and Collectively Exhaustive): 서로 중복이 없고 빠짐이 없이 각각의 합이 전체와 일치되어야 함

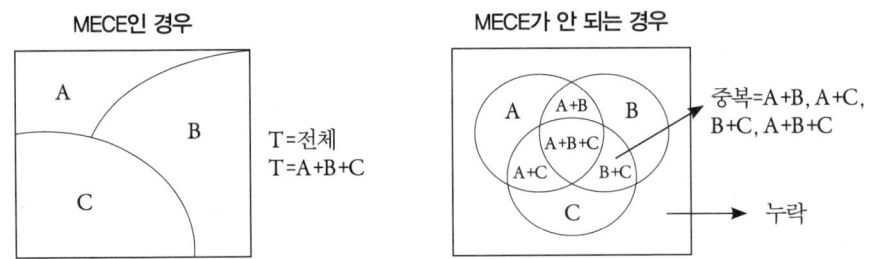

작성 절차

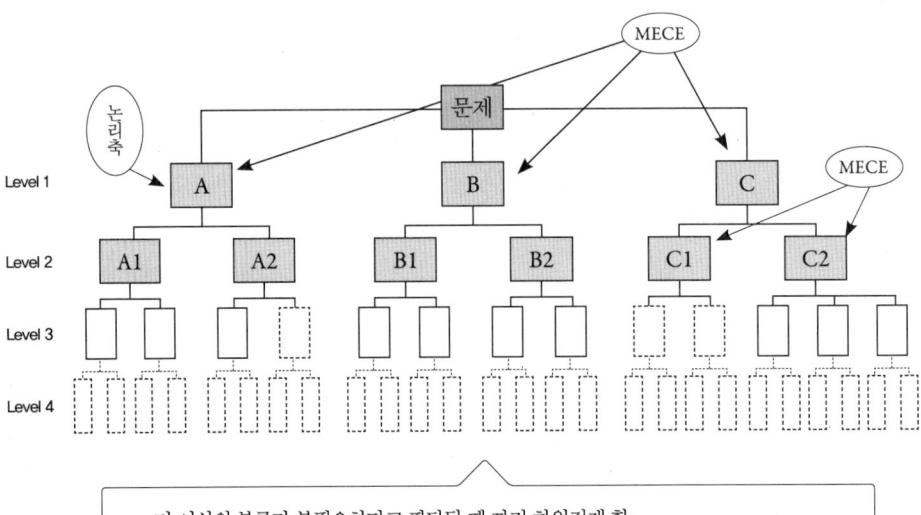

- 더 이상의 분류가 불필요하다고 판단될 때 까지 하위전개 함
- 해결안 Logic Tree의 경우 3~4단계 이후에 MECE가 되지 않는 경우도 있음

1) 작성 목적과 목표 기술
2) Initial Question 기술
   a) 분석 대상과 범위를 명확히 하기 위해
   b) 주어와 술어의 형태로 기술
   예) 금융비용이 증가하는 원인은 무엇인가?
3) 논리축에 대한 분류기준 설정
- 논리축을 설정하기 위한 분류 기준을 정하는 것임
- 분류기준에 따라 분석결과가 달라짐
   예) 사람에 대한 특성파악 (기준: 성격, 체질)
   성격: 주도형, 사교형, 안정형, 신중형
   체질: 태음인, 소양인, 태양인, 소음인
4) Tree 전개
   a) MECE의 원칙에 의해 하위 전개
   b) 1단계 분류 (논리축)
   - 가장 광범위한 범위로 분류
   - MECE의 원칙이 가장 철저히 지켜져야 할 영역
   - 4M, 7S, 4P등 분석도구를 활용하면 효과적
   - 동일 Level로 분류
   - 용어에 대한 정확한 정의가 선행되어야 함
   - 동전 뒤집기식 분류 지양
   c) 2단계 분류
   - 1단계 분류된 하나하나에 대해 모두 분류
   - 각 항목별 레벨을 점검
   d) 3단계~n단계 분류
   - 2차와 동일한 방법으로 분류

- 해결안 도출의 경우 3단계 이상에서는 MECE 원칙에 다소 벗어나도 무방

3) 검증

a) 동일 Level 항목간에 MECE 원칙이 준수되고 전후의 관계에 있어서는 인과관계가 명확한가?

b) 최종 분류된 것들이 테마와 관련된 문제 전체를 포함하는가?

c) 팀 내 합의는 확보했는가?

Logic Tree 작성 요령

- Logic Tree는 문제의 원인규명, 해결안 도출 등 다양한 용도로 사용할 수 있으므로 사용시 전개 목적을 분명히 하여야 함
- MECE의 원칙을 충족시키기 위해서는 전체집합을 명확히 하는 것이 중요함. 전체집합을 명확히 하지 않으면 MECE를 충족시키지 못함. 명확한 용어를 사용하여 전체집합을 정의하고 자신이 보고자 하는 대상을 명확히 함
- 각 단계별 가지들의 크기를 맞추어야 함. 단계별 가지들의 크기가 심하게 차이가 나면 왜곡된 Logic Tree가 됨. 단계별 가지들의 크기가 심하게 차이가 나면 1단계(논리축)로 돌아가 분류기준을 다시 한 번 체크해 봄
- 의미 있는 Logic Tree를 작성하였는지 체크해 봄
- 핵심문제, 근본원인 등 분석의 목적에 맞게 세부적인 가지까지 분석이 되었는지 파악
- 이미 작성된 Logic Tree를 잘 활용함

Logic Tree 작성 사례(원인분석 Logic tree)

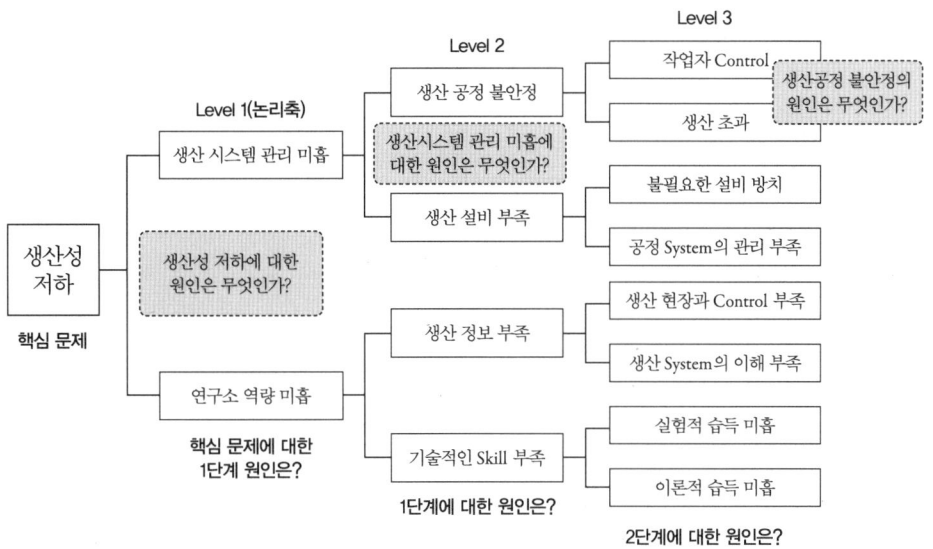

Logic Tree의 용도

Logic Tree는 맥킨지컨설팅에서 문제해결의 꽃이라고 할 만큼 매우 중요한 문제해결 도구로서 문제분석, 원인분석, 해결안 도출, 기획서 작성 시 등에 사용되고 Check List용으로도 활용됨

Logic Tree의 종류

종류	구조	목적
Why Tree	문제 - 원인 - 원인	- 문제에 대한 원인을 도출하고 분석함
How Tree	원인/과제 - 해결안 - 해결안	- 과제 해결이나 원인을 제거하기 위한 해결안을 도출함

종류	구조	목적
What Tree	큰 요소 — 중간 요소 — 작은 요소	- 어떤 요소를 분해하여 그 요소의 구성 내용을 파악해 봄
Strategy Tree	큰 전략 — 작은 전략 — Action	- 자사의 전략을 개별 전략, 실행 계획까지 세분화 시킴
Concept Tree	주요 컨셉 — 보조 컨셉 — 보조 컨셉	- 주요 Concept를 보조 컨셉으로 분해
Action Tree	큰 방안 — 작은 방안 — Action	- 해결 과제를 실행하기 위한 계획을 수립
Solution Tree	큰 해결안 — 중간 해결안 — 작은 해결안	- 해결안을 실행이 용이하도록 더 작은 과제로 세분화 함
Technology Tree	핵심 기술 — 기술 카테고리 — 각 기술	- 기술 카테고리를 분류하여 세부 기술을 도출 함
Task Tree	기본 전략 — 개별 전략 — 과업	- 기본 적략을 실현하기 위해 무엇을 해야할 것인지 그 과제를 구체적으로 표현

FMEA(Failure Mode & Effect Analysis)

FMEA란 설계 시스템이나 기기의 잠재적인 고장모드를 찾아내고 시스템이나 기기의 가동 중에 이와 같은 고장이 발생 하였을 경우 임무수행에 미치는 영향을 조사하고 평가하여 영향이 큰 고장모드에 대해서는 적절한 대책을 세워 고장을 사전에 방지하는 방법이다.

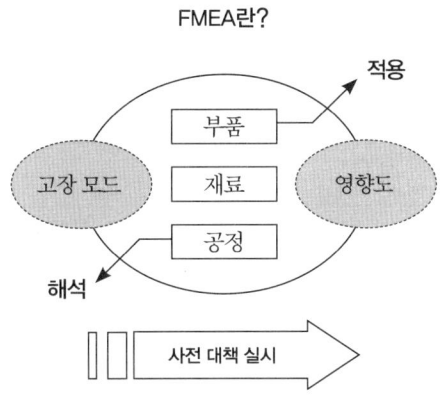

FMEA의 목적

FMEA는 Q-Cost를 저감하고 잠재결함을 확인하거나 집중관리 항목을 도출하고 재작업 감소 등을 위하여 실시함.

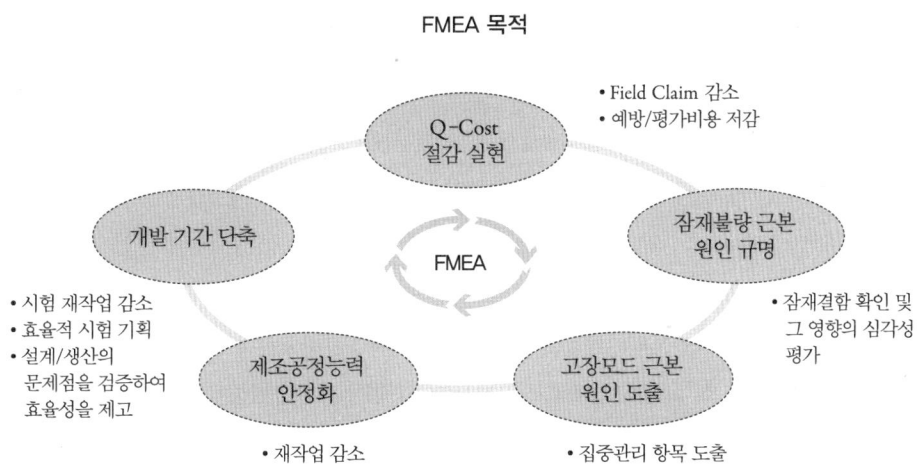

* Q-Cost : Quality Cost로 실패비용, 평가비용, 예방비용이 있음.

FMEA의 종류

종류	활용 형태
System FMEA	개발 초기 제품의 System/Sub-system의 분석에 적용
Design FMEA	Dsign 단계의 분석에 적용
Process FMEA	제조/조립공정의 분석에 적용
Circuit FMEA	전기, 전자회로 부문의 분석에 활용

FMEA 작성 절차

작성 Process	주 요 내 용
System 임무 확인	관련자료 확인을 통하여 사양, 구성도, 도면 등 실시하고자 하는 시스템 및 서브시스템의 임무 확인
분석 레벨 결정	• 문제가 되는 부품을 시스템으로 정해 놓고 출발하는 것이 필요 • 어느 단계까지 분해하여 FMEA를 실시할 것인지를 결정. 일반적으로 부품이 최소분해 레벨이지만 다시 하위 레벨로 분해하여 실시하는 경우도 있음 (예, System-)Sub System-)콤포넌트-)부품)
기능별 블록 결정	분해 시 하드웨어를 기준으로 분해하는 것이 아니라 기능별로 분해하는 것이 바람직함 (예, 기계장치인 경우: 1. 치차 2. 축(X) -) 1. 동력계 2.연료계(O)
신뢰성 Block도 작성	각 구성품 간의 기능적 결합, 각 서브시스템 간의 기능적 결합에 의해 최종적으로 시스템의 임무달성 기능을 표시함
고장모드 검토/정리	• 과거의 유사한 고장 기록이나 사용자의 Claim 등을 포함시켜 고장모드 검토 • 신제품인 경우 경쟁사 관련자료를 활용하거나 전문가의 조언 등을 통하여 고장모드를 찾아냄
Worksheet 작성	• 누구나 이해하기 쉬운 표현으로 결과를 요약하여 기입 • 양식은 FMEA 표준양식이 바람직하나 용도에 따라 변경 가능함
평가 및 정리	설계조건과 고장의 중요성을 대조하면서 정해진 기준에 의거하여 고장 등급 결정 -)FMEA는 신뢰성 보증을 위한 대책을 정하는 것이지 실시 그 자체가 목적이 아님
대책안 수립/실시	고장 등급이 높은 것에 대하여 대책안을 수립하고 실시함 (설계변경, 고신뢰성 부품 사용, 품질 시스템 변경 등)

FMEA 작성 Sheet

FMEA (DESIGN)

(서브)시스템명 :　　　　　실시 목적 :　　　　　관리번호 :　　　　　　　Page :
부품명 :　　　　　　　　　　　　　　　　　　　설계책임자 :　　　　　　기안자 :
모델명(적용년도) :　　　　　　　　　　　　　　제정일 :　　　　　　　　개정일 :
참석자 :

No.	구성품 및 기능	잠재적 고장모드	잠재적 고장영향	치명도	추정 고장원인	발생도	설계검증방법	감지도	RPN	대책 및 조치사항	담당일정	실행 결과			
												조치사항	치명도	발생도	감지도	RPN

* RPN(Risk Priority Number) = Severity(치명도) × Occurrence(발생도) × Detection(감지도)

FTA(Fault Tree Analysis)

FTA는 시스템 고장을 발생시키는 사상(Event)과 원인의 인과관계를 논리기호(AND와 OR)를 사용하여 나뭇가지 모양으로 나타낸 고장목(Fault Tree)을 만들고 이에 의거하여 시스템의 고장확률을 도출, 문제 부문을 찾아내어 시스템의 신뢰성을 개선하는 계량적 고장해석 및 신뢰성 평가방법을 말한다.

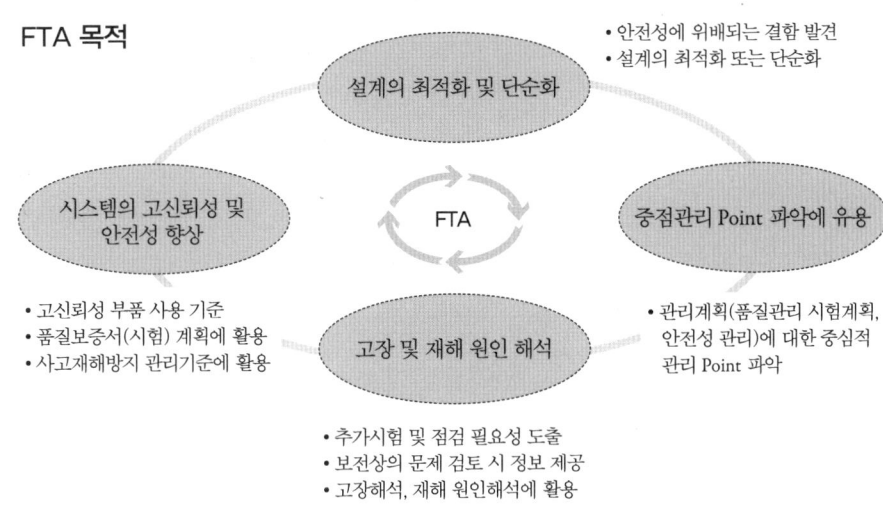

FTA 목적

FTA 작성 절차

작성 Process	주 요 내 용
Fault Tree 작성	논리기호를 활용하여 고장목을 작성함
고장확률 추정	최하위의 고장원인인 기본사상(고장원인)에 대한 고장확률 추정
고장목 간소화	기본사상에 중복이 있는 경우 부울대수공식에 의거 고장목을 간소화하고 그렇지 않으면 4번째 단계를 시행함
확률 계산/문제점 도출	시스템의 고장확률을 계산하고 문제점을 도출함
대책안 수립/실시	문제점의 개선 및 신뢰성 향상 대책을 수립하고 실시함

FTA 작성 절차(예시)

1. 시스템의 최상위 고장상태(Top 사상)를 규정함
2. Top 사상을 일으키는 차순위의 고장원인을 찾아내고 이들의 인과관계를 논리기호를 사용하여 나뭇가지 모양으로 결합시킴
3. 차순위 고장원인에 대하여 순차적으로 위와 같은 절차를 더 이상의 분해가 불가능한 최하위 고장원인인 기본사상(Basic Fault Event)이 될 때까지 고장목을 완성함

FTA 작성 절차(예시)

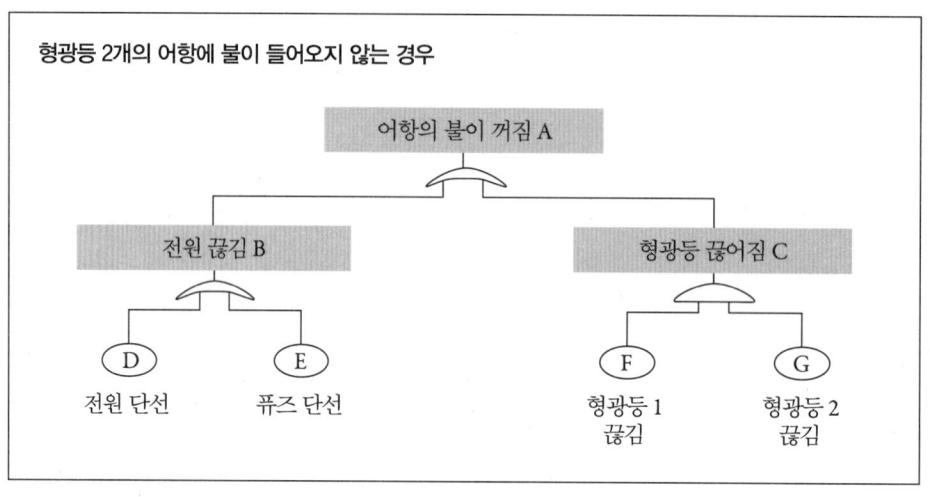

Theme 2
창의력 개발 Tool

브레인스토밍

유명한 광고인이며 미국 광고대행사인 BBDO의 사장이었던 A.F 오스본이 1953년 그의 저서 "창의력을 펴라('Applied Imagination' Principles and Procedures of Creative Problem Solving)"에서 광고에 관련된 아이디어를 내기 위한 회의 방식으로 생각해 냈다. 이것이 나중에 브레인스토밍이라고 불리게 된 것이다.

지금까지의 회의도 한 가지 문제에 대하여 여러 사람이 모여 아이디어를 내고 있었다면 지금까지의 회의와 브레인스토밍은 어디가 다를까? 근본적인 차이점은 이 회의에서는 4가지 원칙이 있으며 이 원칙에 따라 회의를 진행한다는 점이다. 이것이 있기 때문에 일반 회의와는 전혀 다른 분위기와 결과를 낳는다.

브레인스토밍의 4대 원칙
- 비판 엄금: 상대방이 제안한 아이디어에 대하여 비판을 하게 되면 의견이나 생각을 자유롭게 제시하지 못하므로 상대방의 제안을 절대로 비판해서는 안 됨
- 자유분방: 자유롭고 부드러운 분위기가 조성되어야 창의적인 아이디어의 도출이 수월해 짐

- 양의 추구: 확실한 아이디어를 내라고 하면 사람들은 본인이 제시한 아이디어가 좋은 평가를 받지 못할까 봐 선뜻 아이디어를 제시하지 않는 경향이 있으므로 일단은 많은 아이디어를 도출할 수 있도록 독려하고 아이디어의 좋고 나쁨은 평가 단계에서 판단함
- 모방 추구: 모방은 창조의 어머니라는 말이 있듯이 다른 사람의 아이디어에 편승하면 좋은 아이디어를 효과적으로 도출할 수 있음

브레인스토밍의 3대 요소

주제, 참석자, 리더를 브레인스토밍의 3대 요소라고 하는데 주제는 2~3일 전에 통보하고 참석자는 5~8명 정도로 구성하며 주제는 참석자의 관심과 흥미를 이끌어 낼 만한 내용이어야 하며 참석자와 리더는 상호 신뢰가 있어야 하고 리더는 참석자들이 인정할 만한 리더십이 있어야 함과 아울러 주제에 대한 전문성과 책임감 및 Power를 가지고 있어야 하며 사전에 철저한 준비와 계획을 해야 함

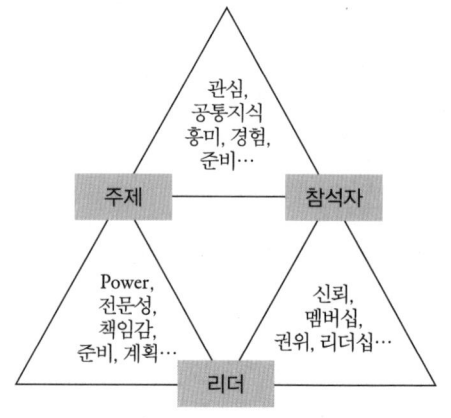

브레인스토밍의 주제

- 브레인스토밍의 주제는 '~하자면 어떻게 하면 좋을까?'와 같은 창의적인 문제를 선정하여야 하며 'A와 B중 어느 쪽으로 할 것인가?'와 같은 판단력을 요하는 주제를 선정하여서는 안 됨
- 주제는 누구나 쉽게 이해할 수 있도록 구체적으로 기술하여야 함
- 주제의 크기가 너무 크면 아이디어를 도출하기 어려우므로 작은 단위로 세분화함

브레인스토밍 진행 절차

1. 브레인스토밍의 목적과 목표를 명확히 함
2. 참석자를 선정함
3. 브레인스토밍 일정과 주제를 통보함
4. 브레인스토밍의 4대 원칙 등 진행상의 유의점을 설명함
5. 브레인스토밍의 목적과 목표 및 주제에 대하여 설명함
6. 참가자들의 긴장감을 풀어 줄 수 있는 팀 빌딩 실시
7. 리더와 서기를 선정함: 리더는 참가 전에 선정할 수도 있음
8. 리더는 자유스러운 분위기를 조성하고 아이디어를 제안할 수 있도록 독려함
9. 서기는 제안된 아이디어에 대하여 가감 없이 준비된 차트에 그대로 기술
10. 비판하는 사람이 있을 경우 브레인스트밍의 원칙을 다시 한 번 주지시킴
11. 45분~1시간 정도의 브레인스토밍이 완료되면 아이디어를 정리하고 보완함
12. 도출된 아이디어에 대하여 평가기준을 선정하고 그에 따라 평가를 실시하는데, 평가단계에서는 아이디어를 객관적으로 평가할 수 있도록 비전문가를 참여시키는 것도 효과적임

브레인스토밍 Worksheet

주제: 중부지역의 시장점유율 25% 증진 방안　　　　　　팀명: 도전39

No.	아이디어	평가				비고
		효과	실행 가능성	점수	판정	
1	영업스킬 향상 교육	4	5	9	채택	
2	영업 성과급제 도입	5	2	7	채택	
3	고객 성향별 영업 방안 도출	2	3	5	불채택	
.						
.						
.						
n					불채택	

브레인스토밍 진행상의 유의점

- 리더

    브레인스토밍의 성공 여부는 리더의 능력에 따라 좌우되므로 리더는 신중하게 준비를 하고 솜씨 있게 회의를 리드해야 함

    → 자격
    - 창의력 개발 과정을 수료한 사람일 것
    - 창의력뿐만 아니라 분석력도 보통 사람 이상으로 훌륭할 것
    - 유머가 있으며 참석자들로부터 인정받을 만한 사람일 것
    - 회의 진행 스킬이 뛰어난 사람일 것

    → 지도
    - 자유롭고 유쾌한 분위기를 조성하며 필요하면 워밍업을 함
    - 회의 중에 비판하는 사람이 나오면 그것을 잘 조정함
    - 동일한 아이디어가 반복하여 나오더라도 태연하게 받아 쓰도록 함
    - 다른 사람의 아이디어를 모방하도록 결합개선을 장려함
    - 특정인을 지목하여 아이디어를 요구하지 않음
    - 아이디어가 잘 도출되지 않을 경우 특성열거법, 결점열거법 등 다양한 아이디어 발상기법을 활용함
    - 원론이 나올 때는 '어떻게 하면 그렇게 할 수 있을까?'를 물어 아이디어를 구체화함
    - 새로운 각도에서 아이디어를 도출할 방법이 있는지 살펴봄
    - 브레인스토밍의 원칙에 따라 회의가 진행되도록 멤버들을 지지하고 격려함

    → 정리

    도출된 아이디어에 대하여 서기와 함께 분류 정리하고 참가자에게 배포하거나 공지함

- 서기
  → 자격
  - 창의력 과정을 수료한 사람일 것
  - 알기 쉬운 글자로 빨리 쓸 수 있을 것
  - 요령을 파악하는 능력이 있을 것

  → 역할
  - 가능한 한 아이디어의 원안대로 기록함
  - 일련번호를 붙이면서 기록함: 양을 자극하고 평가 시 용이함
  - 나중에 나온 아이디어는 따로 모음
  - 아이디어를 분류하고 정리함
- 참석자
  - 다른 사람의 아이디어에 편승하기 위해서 타인의 말을 경청함
  - 아이디어를 내놓으려 하지 말고 떠오르는 생각을 이야기함
  - 아이디어가 나올 때마다 좋은 생각이라고 상호 격려하고 지지해 줌

브레인스토밍 후의 작업

아이디어의 확인과 수정 → 아이디어의 분류 → 아이디어의 개략 평가 → 분류/평가표 작성 → 실행 우선순위 결정 → 실행

아이디어의 확인과 수정

브레인스토밍으로 도출된 아이디어의 대부분은 원론에 가까우며 완성된 것이 많지 않고 비판 엄금, 자유분방이란 규칙이 있기 때문에 표현이 모호한 것이 많아 도출된 아이디어에 대하여 확인하고 수정하는 것이 다음 작업으로 연계하는 데 효과적임
- 목적: 아이디어의 분류와 평가를 하기 위하여

- 확인 및 수정 절차
  1. 도출된 아이디어를 하나하나 검토하여 '과제와의 관련이 제3자가 보아도 알 수 있는 표현인가?' '아이디어다운 표현인가?'를 확인한 후
  2. 부적합한 아이디어에는 구체적인 수정을 가함

아이디어의 분류
- 목적: 누락된 아이디어를 찾아내어 추가적인 아이디어를 도출하고 아이디어의 평가 및 구체적인 방안을 도출하기 용이하도록 하기 위하여 실시함
- 분류 절차
  1. 동일하거나 유사한 아이디어가 있으면 이것을 모아서 Grouping함
  2. 1차 Grouping이 되면 이것을 다시 유사한 것끼리 Grouping하며 최종적으로 7개 정도의 그룹이 될 때까지 이러한 과정을 반복함

아이디어의 평가
- 목적: 아이디어의 품질을 평가하고 구체적인 방안을 도출하기 용이하도록 하기 위함
- 평가방법
  1. 평가기준을 선정함
     - 일반적으로 효과와 실행가능성이라는 측면에서 평가하며 목적에 따라 평가기준은 다양화할 수 있음
     - 효과
       아이디어가 좋다고 하는 것은 효과가 있기 때문이며 효과가 없는 것은 좋은 아이디어라고 할 수 없고, 효과라는 것은 좋아지거나 편해지거나 안전해지거나 비용이 낮아지는 것 등을 말함
     - 실행가능성

효과만 있으면 좋은 아이디어라고 할 수 있느냐 하면 그렇지 않은데, 그것은 효과는 있으나 법규, 기술적인 문제 등의 원인으로 실행할 수 없거나 실행에 비용이 많이 든다면 아이디어의 실행으로 얻을 수 있는 효익이 없기 때문임

2. 아이디어의 평가

평가기준이 정해지면 전원의 합의에 따라 평가를 실시하며 평가자 간 편차가 클 때는 의견을 피력하여 평가점수를 조정하도록 함

3. 아이디어의 판정
- 효과와 실행가능성이 모두 큰 경우(大,大) → 채택
- 효과는 크나 실행가능성이 작은 경우(大,小) → 채택
- 효과는 크지 않으나 실행가능성이 큰 경우(小,大) → 불채택
- 효과와 실행가능성이 모두 작은 경우(小,小) → 불채택
- 평가에 대한 관대성으로 인하여 전체 아이디어 중 채택으로 선정된 아이디어의 수가 많을 수 있으므로 채택된 아이디어의 수가 전체 아이디어의 5~7%가 될 때까지 반복하여 평가를 실시함

아이디어 판정

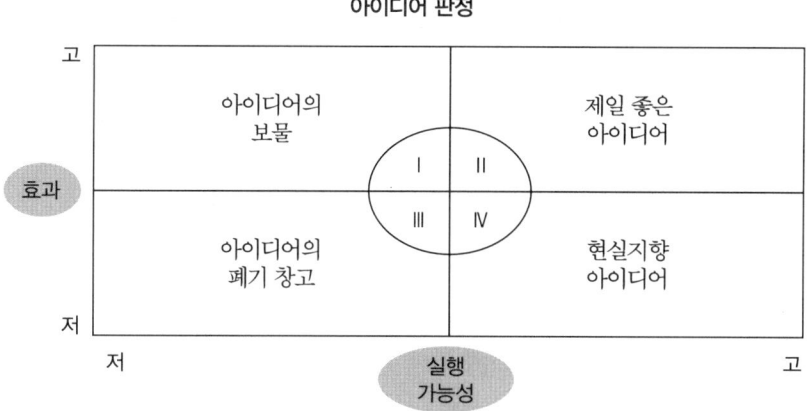

아이디어의 분류와 평가표 작성

아이디어에 대한 평가가 완료되면 모든 아이디어를 분류/평가표에 기록하여 관리함

아이디어 분류/평가 기록표

Theme명		중부 지역의 시장 점유율 25% 증진 방안			
평가	분류	교육	시스템		
채택	대, 대	영업 스킬 교육	멘토링 도입		
	대, 소		영업 성과급제		
불채택	소, 대	팀장 교육			
	소, 소				

실행의 우선순위 평가

채택된 아이디어는 인적 또는 물적 자원의 한계로 동시에 실행할 수 없는 경우가 많으므로 긴급성, 중요성, 실행용이성 등을 아이디어 상호간 비교평가하여 큰 것은 1점, 작은 것은 0점을 부여하여 종합점수를 도출한 후 그에 따라 실행의 우선순위를 결정함

실행 우선순위 평가

Idea	A	B	C	D	...	점수	순위
A	110					2	2
B	0	10				1	3
C	0	0	0			0	4
D	1	1	1			3	1
...							

실행계획 수립

실행계획은 '무엇을' '왜' '언제' '누가' '어디서' '어떤 방법'으로 아이디어를 실행할 것인가를 계획하는 단계로 사람, 시간, 자금 등을 고려하여 수립함

Action Plan

항목	세부 실행 계획	담당	일정				비고
			1주	2주	3주	4주	
영업 스킬 향상 교육	1. 교육 계획 수립 2. Issue 분석 3. Needs 분석 4. 과정 개발 ⋮ n. 운영 결과 보고	홍길동 김자연 김자연 홍길동 홍길동					

브레인라이팅

이 발상기법은 한 사람 한 사람의 참가자가 침묵 속에서 브레인스토밍의 원칙에 의거하여 자기의 의견을 기록하는 방법으로, 개인의 사고를 최대한 살려 나가기 위해 개발된 것이다.

브레인라이팅 사용 시점

- 여러 가지 이유로 구두로 표현하는 것에 제약을 받을 때
- 분명한 Output을 확보하고 싶을 때
- 브레인스토밍이 효과적으로 진행되지 않을 때
- 멤버 간의 아이디어 경쟁심을 살리고 싶을 때
- 아이디어 발상에 강제성을 부여하고 싶을 때

브레인라이팅의 진행 절차

1. 목적과 목표를 명확히 함
2. 참석자를 선정함
3. 브레인라이팅의 일정과 주제를 통보함
4. 브레인라이팅의 진행상의 유의점을 설명함
5. 브레인라이팅의 목적과 목표 및 주제에 대하여 설명함
6. 참가자들의 긴장감을 풀어 줄 수 있는 팀 빌딩 실시
7. 리더와 서기를 선정함: 리더는 참가 전에 선정할 수도 있음
8. 브레인라이팅 용지를 준비함
9. 용지를 나누어 줌
10. 5분간에 걸쳐 참가자 각자에게 용지의 첫 번째 줄 A, B, C 칸에 아이디어와 이름을 써 넣도록 함
11. 5분 후 용지를 옆 사람에게 건넴
12. 옆 사람에게서 건네받은 용지에 옆 사람이 도출한 아이디어를 모방하여 발전시킨 아이디어를 두 번째 줄에 기입, 이러한 과정을 반복하여 실시함
13. 도출된 아이디어에 대하여 평가기준을 선정하고 평가기준에 따라 평가를 실시함

브레인라이팅 진행 양식

NO.	A	B	C	성명
1	전임교수제 도입	사내 강사 양성 과정	TRM 개발	박경빈
2	경쟁입찰제 운영	사내 강사 인센티브 강화	타사 벤치마킹	박병관
3				
n				

브레인라이팅 진행 시 유의사항

- 회의 분위기가 매우 중요하며 유머스러운 분위기 조성이 필요함
- 리더는 문제나 주제에 대하여 잘 알고 있어야 하며 멤버들의 반응을 잘 유도하여야 함
- 진행 시간은 30분을 넘지 않도록 함
- 특정한 사람에게 부하가 많이 걸리는 경우 진행 방법을 변경함

Twist D(Deny)

전환을 통하여 아이디어를 도출해 내는 방법을 말하며 여기서 전환이라고 하는 것은 통상적이고 일반적인 고정된 틀에서 벗어나기 위한 일종의 지레를 의미한다.

Twist D 진행 절차

1. 테마를 선정함
2. 일반적이고 통상적인 일이나 상황을 List-up
3. 일반적이고 통상적인 고정된 틀에서 벗어나기 위한 유발을 설정하는 데, Twist D에서는 일반적이고 통상적인 것을 부정하는 것이 유발임
4. 유발로부터 아이디어를 도출함

Twist D 예시

구분	바람직하지 않은 예	바람직한 예
테마	레스토랑에 대한 새로운 아이디어	
당연	레스토랑에는 요리사가 있다	
전환	레스토랑에는 요리사가 없다(부정)	
Idea	아무도 없는 레스토랑	재료를 손님들이 직접 조리하여 먹는 레스토랑

Twist D 전개 시 유의사항

- 부정법이므로 통상 List에는 부정적인 내용은 도출하지 않음
  - 의사가 진료하지 않는다. (X)
- 전환의 문장은 기계적으로 설정함
  - ~하다-〉 ~하지 않다 . ~가 있다-〉 ~가 없다
- 전환으로부터 원론을 도출해서는 안 되며 구체적인 아이디어를 도출해야 하는데, 원론이 나오는 경우는 잘했다고 격려한 후 이를 아이디어로 구체화함

Twist F(Fantasy)

전환을 통하여 아이디어를 도출해 내는 기법으로 일상적인 것을 과감하게 부풀려 공상적인 문장을 전환으로 설정한 다음 아이디어를 도출해 내는 방법이다.

Twist F 진행 절차

1. 테마를 선정함
2. 일반적이고 통상적인 것을 과감하게 부풀려 공상적인 문장으로 전환을 설정함
3. 전환으로부터 아이디어를 도출함

Twist F 예시

구분	예시 1	예시 2
테마	새로운 스포츠 사업에 대한 아이디어	
전환	주머니에 넣고 다니는 모자가 있다면…	물고기를 추적하여 고기를 잡아주는 낚시 도구가 있다면…
Idea	형상기억합금 모자	열 감지 추적장치가 달린 낚시 바늘

Twist F 전개 시 유의사항

- 테마는 현실적이지만 설정하는 전환은 공상으로서 과감하게 꿈 같은 문장으로 만들어 봄
- 전환은 공상이지만 아이디어는 장래에 현실적으로 가능하도록 착상을 하여야 함

Twist J(Joint)

전환을 통하여 아이디어를 도출해 내는 기법으로 무작위로 고른 단어(Joint Word)를 이용하여 사고를 전환한 후 다음 아이디어를 도출해 내는 방법으로 속수무책의 상태에 빠졌을 때 효과적인 Approach이다.

Twist J 진행 절차

1. 테마를 선정함
2. 어떤 사물에 대하여 무작위로 단어 추출: Joint Word
3. Joint Word로부터 연상되는 특징과 Image 추출: 유발
4. 전환으로부터 아이디어를 도출함

Twist J 예시

구분	예시 1	예시 2
테마	효과적인 회의 운영 방법에 대하여	
Joint Word	네모	빨간색
특징/Image	상자	열정
Idea	회의 시간에 10분 늦을 때마다 10,000원 씩 회의 상자에 넣어 이를 회식비로 사용	자유로운 분위기 조성과 열정적 회의 진행을 위하여 밸리댄스 후 회의 시작

Twist J 전개 시 유의사항

- 이 기법은 우연을 활용하는 것으로 Point는 작위적이 아니라 무작위적으로 말이나 단어를 추출해 내는 것임
- Joint Word의 선택 방법으로 가장 간단한 것은 신문이나 잡지, 사전 등을 활용하는 것임
- 예를 들어 회사 창립일이 '95년 5월 3일 이니 95페이지의 5번째 줄 3번째 단어로 하자고 한 후 95페이지를 펴서 5번째 줄의 3번째 단어를 고르면 무작위 선택을 한 것임
- 또는 신문이나 잡지, 정보지 등의 아무 곳이나 연필로 찍어 찍힌 곳의 단어를 Joint Word로 선정
- 말이나 단어는 명사를 활용하는 것이 바람직하며 명사가 아닌 경우는 그 단어에 가장 근접한 명사를 선택함
- Joint Word의 목적은 무엇이 적합한가를 찾는 것이 아니라 무조건 유발하는 것이므로 단어가 갖는 특징과 Image를 구체적으로 추적하기보다는 맨 처음 연상된 이미지를 그대로 사용하는 것이 우연을 효과적으로 활용하는 것이 됨

KJ법

고려해야 할 변수가 많거나 브레인스토밍 후 도출된 다양한 아이디어를 정리, 평가하고 싶을 때 사용하며 단계별 의사결정과 합의가 절대적으로 요구되는 기법이다

KJ법 진행 절차

1. 문제제시
2. 각 카드에 개별적으로 자신의 아이디어 기록
3. 아이디어가 기록된 카드를 누구나 쉽게 볼 수 있도록 나열

4. 각 카드의 관계를 연계하여 Grouping

5. 각 그룹별 상위 레벨의 타이틀을 붙임

6. 최종 Output을 얻기 위해 상기 단계를 반복

7. 최종 Output을 하나의 정리된 문장으로 구성

8. 각 단계별 분류가 명확히 되었는지 검증

KJ법 전개 방법(예시)

KJ법 진행 절차(예시)

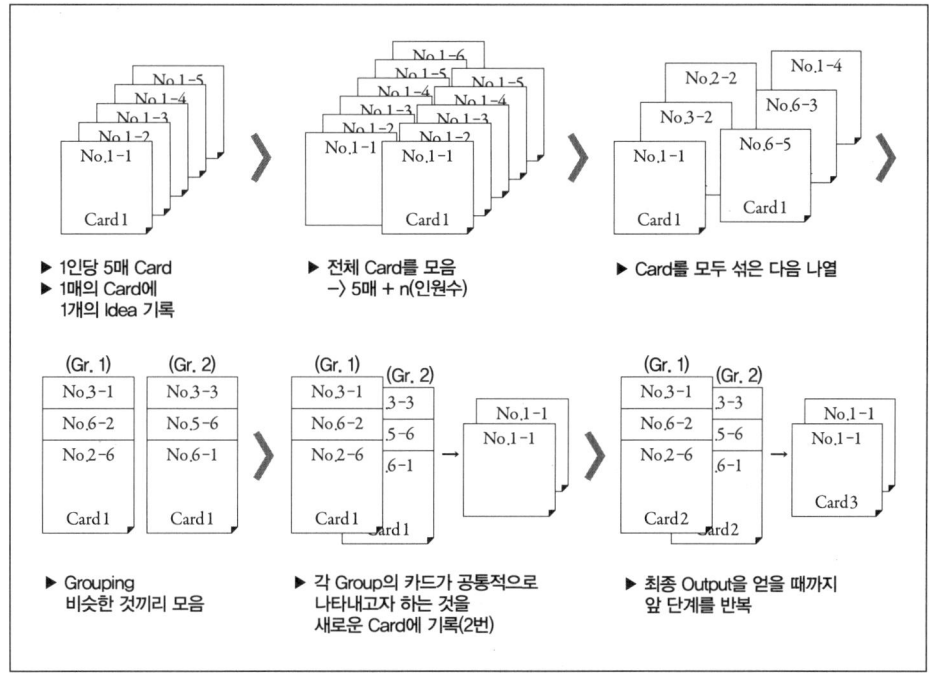

카드에 적은 아이디어를 나열한다 비슷한 것끼리 묶고 이름을 붙인다.(Level n)

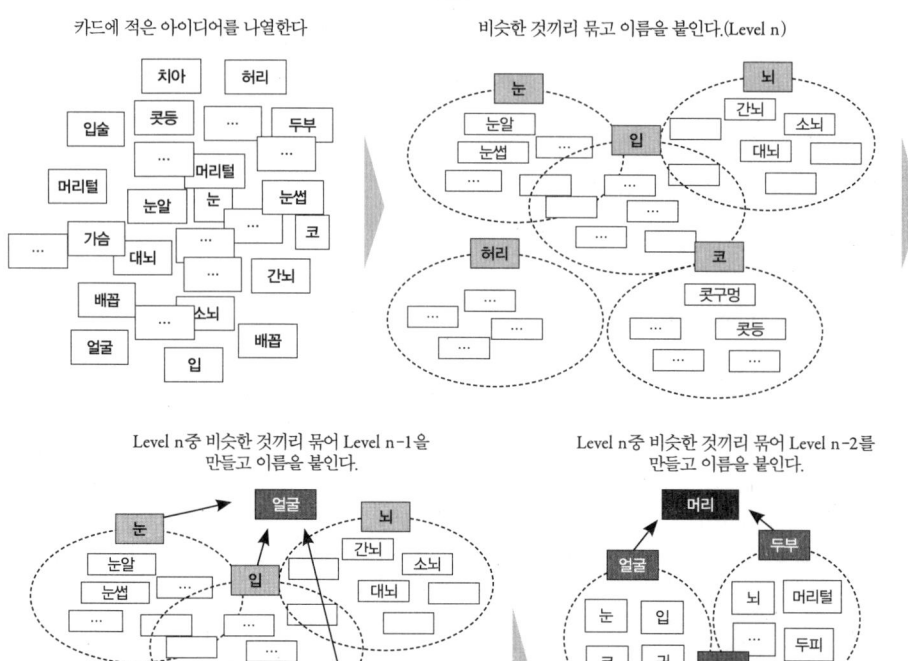

Level n중 비슷한 것끼리 묶어 Level n-1을 만들고 이름을 붙인다.

Level n중 비슷한 것끼리 묶어 Level n-2를 만들고 이름을 붙인다.

더 이상의 Grouping이 필요 없을 때 까지 반복하며 최종 Grouping된 것을 검증하고 정리하여 도식화한다.

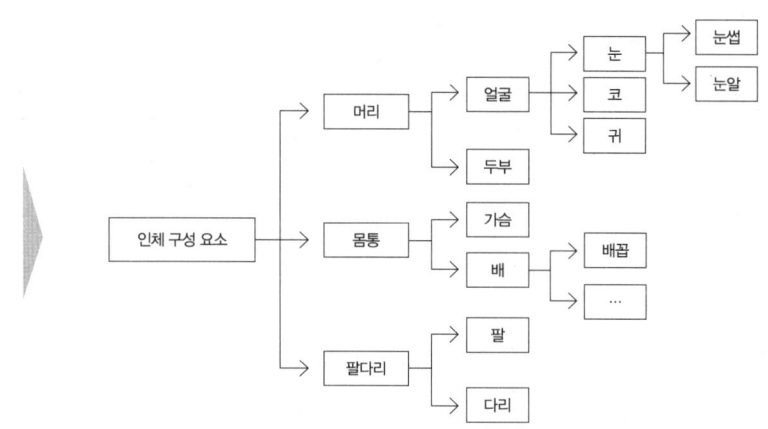

고든법

같은 작업자가 동일한 작업지도서에 따라 같은 방법으로 가공한 제품이라도 엄밀한 의미에서는 다른데 우리가 같은 제품이라고 하는 것은 공통된 특성을 끌어 냈기 때문으로 이것을 추상이라 한다. 가령 캐러멜을 한 단계 더 추상하면 엿이 되고 엿을 더 추상하면 쌀이 되는데, 이처럼 캐러멜을 개량하려면 그것을 캐러멜로 생각하지 않고 엿이나 쌀이라고 생각하면 더 많은 아이디어를 도출할 수 있다.

우리가 신제품에 대한 아이디어를 도출할 때 구체적인 물건이나 제품으로부터 아이디어를 내게 되면 아무래도 먼저 물건에 사로잡히게 되어 근본적인 아이디어 도출이 어려워진다. 고든법은 바로 이런 경우에 적용하는 기법으로 추상의 사다리라고도 하며, 브레인스토밍의 4가지 원칙에 의하여 진행되고 브레인스토밍과 다른 점은 키워드만 제시한다는 것이다.

예를 들어 해결과제가 드릴링머신과 같은 물건을 뚫는 기계를 개발하는 것이라고 가정할 경우 과제는 리더(사회자)만이 알고 있으며 사회자는 '뚫는다'라고만 제시하고 진행한다. 이렇게 하면 뚫는 것과 관련된 다양한 아이디어가 도출된다. 만일 리더가 '드릴링머신 개발과 관련된 신제품 개발 아이디어 회의 입니다.' 라고 과제를 제시하면 처음부터 드릴링머신에 초점이 맞추어져서 초음파를 이용하여 구멍을 뚫는 가공 방법에 대한 아이디어 등 새로운 Concept의 제품개발은 거의 불가능하게 된다.

고든법의 사용 시점

- 팀 멤버들이 문제나 과제에 대하여 지나친 부담감을 갖고 있거나 익숙해 있을 때
- 전혀 다른 관점에서의 아이디어가 요구될 때
- 완전히 새로운 형태의 신제품을 개발하고자 할 때

고든법의 특징

- 멤버들은 진짜 과제나 문제가 무엇인지 모르는 상황에서 아이디어를 도출하기 때

문에 근본적이고 다양한 아이디어가 도출됨
- 일반적인 방법이 아닌 획기적인 방법을 찾아내고자 할 때 효과적임
- 진행하기가 어려우며 리더에게는 해당 과제에 대한 전문지식과 아울러 회의를 진행하는 고도의 스킬이 요구됨
- 진행 소요 시간이 긴 편임(약 3hr 정도)

고든법의 진행 절차

1. 해결해야 할 과제나 문제 선정
2. 해당 분야의 전문가들로 팀을 구성
3. Key Word 제시: 과제는 리더만 알고 있고 멤버에게는 알리지 않음
4. 상위 Level 도출
5. 상위 Level 과제(문제) 제시
6. 아이디어 도출
- 자유로운 발언을 유도하며 진행 시간이 다소 길기 때문에 분위기 조성을 위한 팀 빌딩 게임 등을 실시함
7. 문제나 과제의 해결점을 찾을 때까지 계속 진행
8. 어느 정도 해결점이 나오면 멤버들에게 과제나 원 문제를 알려 줌
9. 해결 아이디어에 대한 개략적인 평가를 실시함
10. 채택된 아이디어에 대한 실현가능성을 논의하고 좀 더 구체화하기 위한 방안을 도출

고든법 주제

해결할 과제	Key Word
구멍을 뚫는 기계 개발	뚫는다
사람을 운반하는 도구	운반한다
과일주스	마신다

고든법의 적용 절차 및 사례

① 과제나 문제의 정리/이해(원 문제)	어떻게 하면 TV 운송 Cost를 줄일 수 있을까? (리더만 알고 있음)
② Key Word 선정	운송, Cost

③ 상위 Level 도출	운송 → 보낸다 → 송부한다
④ 상위 Level 문제 제시	어떻게 하면 잘 보낼 수 있을까? (TV 운송은 생각하지 않음)
⑤ 아이디어 도출	강물에 띄워 보낸다, 초고속 전투기에 실어 보낸다, 콜밴을 이용한다, 자전거를 이용한다…
⑥ 원 문제(과제) 공지	어떻게 하면 TV 운송 Cost를 줄일 수 있을까? (모두에게 공개)
⑦ 아이디어 평가	평가기준에 의거하여 도출된 아이디어를 평가함 (채택: 강물에 띄워 보낸다)
⑧ 실현가능성 논의	채택된 아이디어에 대한 실행 방안을 구체화함

고든법 전개 시 유의사항

- 원 문제와 상위 레벨 문제 간의 간격이 지나치게 큰 경우에는 아이디어의 참신성은 높아지지만 접목가능성은 떨어짐
- 원 문제와 상위 레벨 문제 간의 간격이 가까우면 가까울수록 접목가능성은 높아지지만 아이디어의 질은 떨어짐
- 30분을 넘지 않도록 함
- 리더는 원 문제를 멤버들이 인식하지 못하는 수준에서 상위 레벨의 문제를 감각적으로 조율할 필요가 있음

초점법

강제연상 작용을 이용하여 아이디어를 내는 테크닉으로 최종 결과나 상태(Output)는 정해져 있으나 최초의 상태(Input)는 임의인 기법이다. 예를 들어 소음이 없는 에어컨 개발을 도달점(Output)으로 할 때 출발점(Input)은 무슨 내용으로 하든지 상관이 없으며, 도달점에서 거꾸로 자유로이 연상의 쇠사슬을 펴서 그 과정 중에 재미있는 것이 나오면 그것을 출발점으로 하는 경우도 있다.

초점법

출발점	강제연상의 과정	도달점
장마	홍수가 온다 → 제방을 쌓는다 → 걱정을 던다 곧 가을이 온다 → 낙엽이 진다 → 여유 있는 황혼 서늘하다 → 따뜻한 집이 필요하다	저축

입출법

초점법과 같이 강제연상 작용을 이용하여 아이디어를 내는 테크닉으로 최초의 상태(Input)를 전개하고 최종 결과나 상태(Output)에 도달하고자 하는 기법이다. 이는 제너럴일렉트릭사에서 주로 자동장치 개발 시 적용한 방법이다.

입출법(예시)

入 ────→ 연상의 쇠사슬을 펴서 출에 연결 ────→ 出

질문 및 선택	제1단계 (연상)	제2단계… (판단)	제5단계… (분석)	제7단계… (판단)	어두워지면 불이 켜진다
	어두워지면 어떤 일이 발생하는가	확실히 발생하는 것은 무엇인가?	무엇이 작용하는가?	제품화가 쉬운가?	
	• 보이지 않는다	X	• 수은	X	
	• 온도가 내려간다	O	• 바이메탈	X	
	• 광선이 적어진다	O	• 에텔	X	
	• 지열이 식는다	X			
	• 개가 짖는다	X	• 광전지	X	
	• 고양이 눈이 번쩍인다	X			
	• 쓸쓸해진다	X	• 유화카드뮴	O	
	• 잠이 온다	X			
	• 자귀나무 잎이 오므라진다	X			
	• 식물은 호흡작용을 시작한다	X			

(어두워지면 / 질문 및 선택)

Section 3

Communication Skill

커뮤니케이션의 개요

Delivery Skill

주도적 커뮤니케이션

행동유형별 의사소통 전략

설득의 프레젠테이션

Theme 3　신뢰받는 커뮤니케이션을 하려면

Theme 4　칭찬받는 프레젠테이션이 되려면

커뮤니케이션의 개요

혁신안에 대한 발표회를 개최하기 전에 외부 전문가를 모시고 커뮤니케이션 및 프레젠테이션 스킬에 대한

특강을 실시하도록 하겠습니다.

오늘의 특강 교수님은 한국대학교 커뮤니케이션 학과장이신 박경빈 박사님입니다.
환영의 박수를 부탁드립니다.

짝 짝 짝 짝

방금 소개받은 박경빈입니다.
세계 최고의 스마트폰을 생산하시는 여러분을 만나뵙게 되어 매우 반갑습니다.

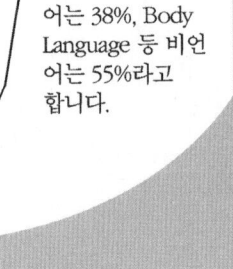

Delivery Skill

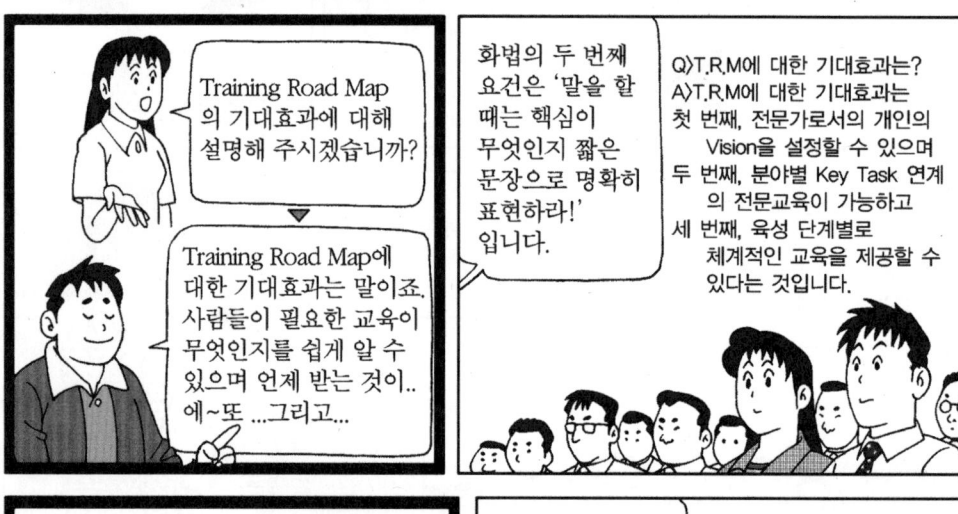

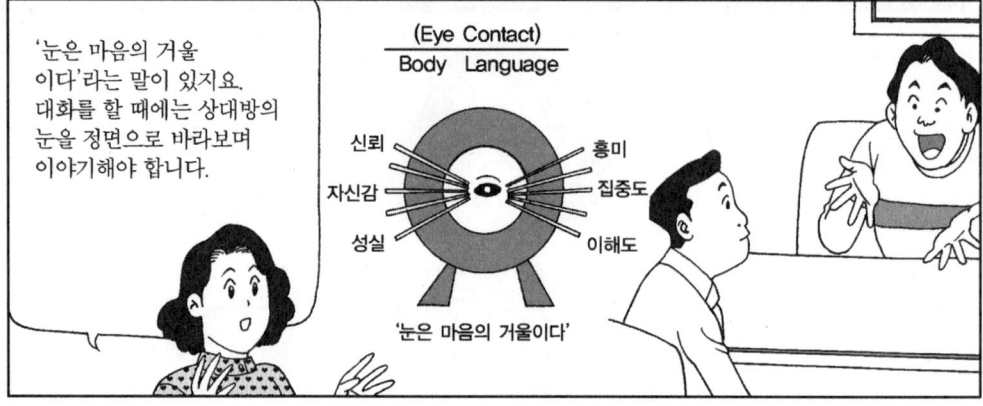

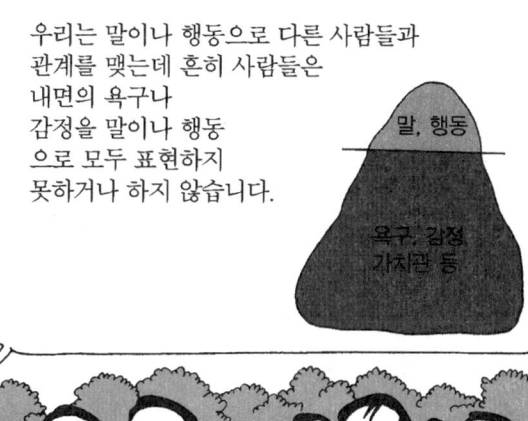

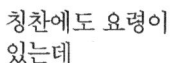

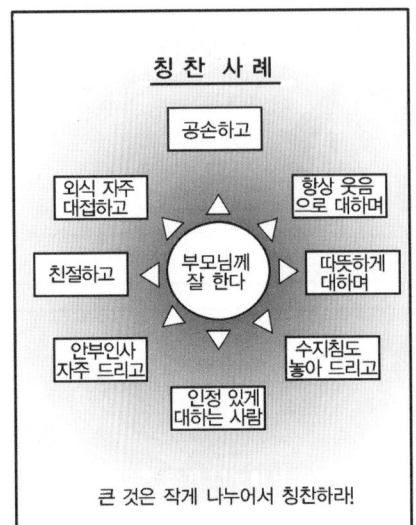

I-Message/You Message

I-Message: 저는 너무 지나치다고 생각합니다.(판단의 주체:나)
You-Message: 너무 지나치십니다.(지나친 것의 주체:상대방)

Feedback 절차

분위기 조성	행동묘사	나의 느낌 전달	상황분석	문제해결	지지, 지원
• 대화를 할 분위기를 조성 • 받아들일 마음의 준비	상대방의 잘못된 말이나 행동을 사실대로 진술	나의 느낌을 상대에게 전달해 줌	본인의 문제임을 인식시키고 문제의 원인을 규명함	해결방안을 스스로 찾도록 도와줌	스스로 수립한 실행안에 대하여 지지하고 격려해 줌

주도적 커뮤니케이션 249

행동유형별 소통전략

본인/타인의 행동유형 진단 Guide

	성향 / 특징		행동유형
본인/타인의 실제 행동을 파악/관찰함 • 제스처(손짓, 자세, 표정 등) • 음성(속도, 억양) • 어휘 등	직설적/외향적 • 빠른 속도 • 많이 말함 • 크게 말함 • 억양의 높낮이	경쟁적이고 직설적: 폐쇄적, 무표정, 공식적, 결과 중심적, 일 중심, 도전, 변화, 자기중심	주도형
		말이 많고 사교적: 개방적, 활기참, 따뜻함, 감정적, 허물 없는, 사람 지향적, 인정	사교형
	간접적/내향적 • 느린 속도 • 많이 질문 • 부드럽게 말함 • 단조롭게 말함	수용적이고 실천적: 개방적, 편안함, 따뜻함, 비공식적, 협동, 검증된, 친근한, 경청하는	안정형
		평가적이고 사고적: 폐쇄적, 무표정, 감정표현 미흡, 격식, 공식적, 기준, 신중한, 일 중심	분석형

행동유형별 의사소통 특징

구 분	주도형	사교형	안정형	분석형
말할 때	• 결론부터 말함 • 사족이 없음 • 말의 속도가 빠름 • 도전적인 말 • 직설적 • 자기주장이 강함	• 장황하게 설명 • 임기응변 • 톤이 높음 • 재미있게 • 말이 빠름 • 어휘력이 높음	• 말수가 적음 • 톤이 낮음 • 먼저 말하기 꺼림 • 말하는 데 스트레스 • 새로운 것에 대한 이야기 회피	• 쉽게 말하지 않음 • 검증된 사실 중심으로 말함 • 논리적임 • 비판/비교 • 근거를 제시하면서
들을 때	• 부연 설명이 많으면 짜증을 냄 • 이미 결론 후 들음 • 결론 유도: 그래서 결론은?	• 감탄사 • 맞장구 • 싫어도 들어 주는 척함 • 끼어들기	• 많이 들어 줌 • 듣는 것이 편함 • 타인 배려	• 비판적으로 들음 • 비교분석하면서 들음

설득의 프레젠테이션

그동안 안녕하셨지요? 산새 소리 지저귀는 아름다운 이 곳 연수원에서 여러분을 다시 만나 뵙게 되어 반갑습니다.

오늘 특강 주제는 설득의 프레젠테이션입니다.

박사님! 커뮤니케이션 스킬과 프레젠테이션 스킬의 차이점은 무엇인가요?

커뮤니케이션의 목적은 상호이해하는 데 있으며

Presentation은 '한정된 시간 내에 자신의 생각을 정확하게 표현, 전달하여 참가고객의 관심과 동의를 얻는 데 목적이 있다'고 할 수 있습니다.

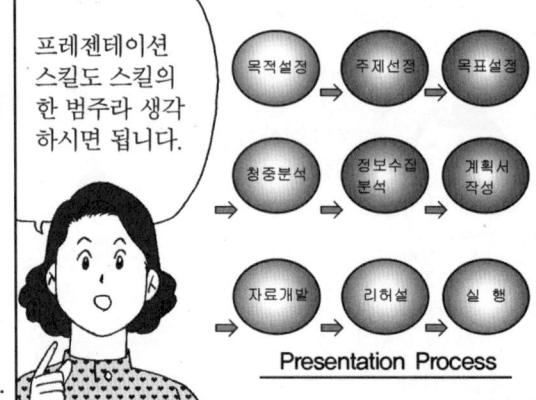

프레젠테이션 스킬도 스킬의 한 범주라 생각하시면 됩니다.

목적설정 → 주제선정 → 목표설정
청중분석 → 정보수집분석 → 계획서작성
자료개발 → 리허설 → 실행

Presentation Process

Phase	Process	주요 내용	방법	시간
서 론	• 자기소개 • 주의환기 • 동기부여 • 주요 요점(결론,목표) 소개			
본 론	• 주요 요점 상세소개 • 주요 요점에 대한 증명 (사례, 근거 등) • 전환			
결 론	• 주요 요점 정리/요약 • 질의응답 • 감동적 마무리			

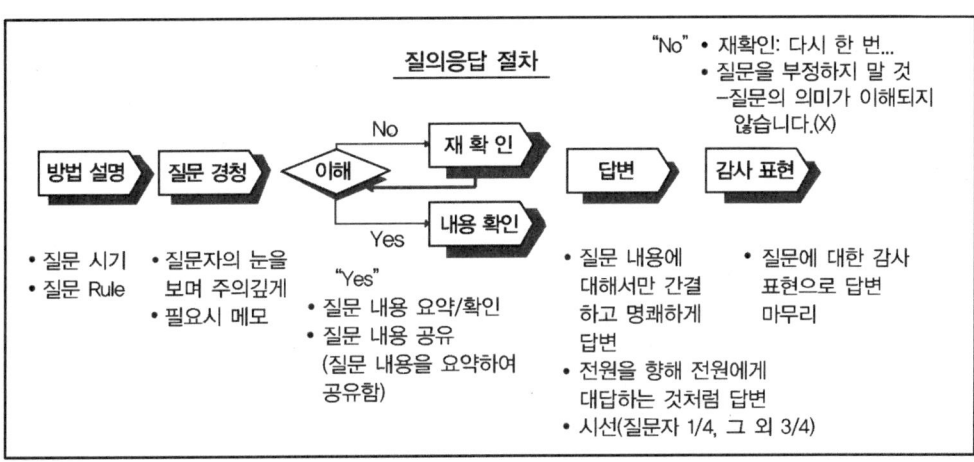
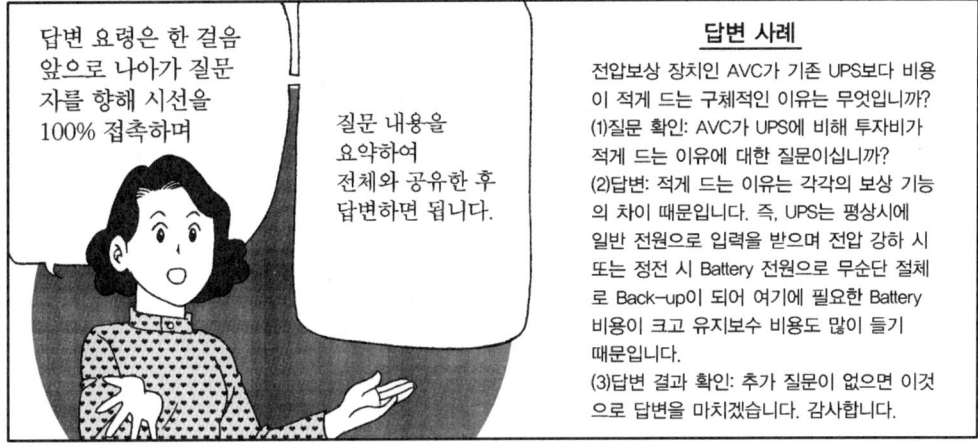

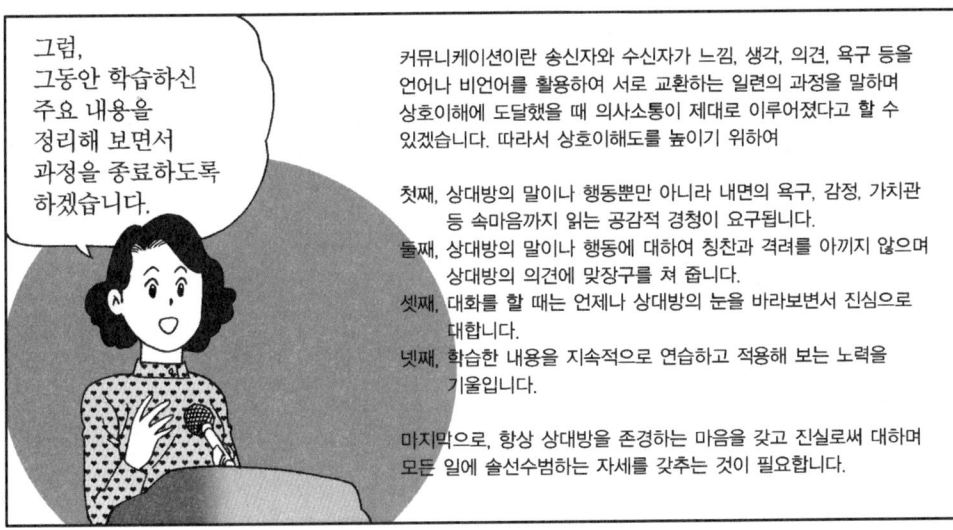

Theme 3
신뢰받는 커뮤니케이션을 하려면

먼저 공감적으로 경청하라!(Worst)

어느 조용한 오후, 무척 뿔난 얼굴을 하고 둘째 아들 현진이가 현관문을 박차고 들어온다.

"엄마!"

"왜?"

"나 오늘 과학 시간에 선생님한테 야단맞았어!"

"아이구, 이 녀석아! 또 무슨 짓을 했니? 오늘은 또 무슨 잘못을 한 거야."

"엄마하고는 대화가 안 돼. 내가 뭐 맨날 잘못이나 하는 줄 알아!"

현진이는 섭섭한 마음을 엄마에게 위로받고 싶었는데, 엄마는 현진이의 속마음을 알아 주지 못하고 있습니다. 현진이는 엄마와 대화하고 싶은 마음이 없어졌습니다. 현진이는 혼자 고민하고 스스로 문제를 해결해 나가야만 하는 외로운 청소년기를 보내야 하겠지요.

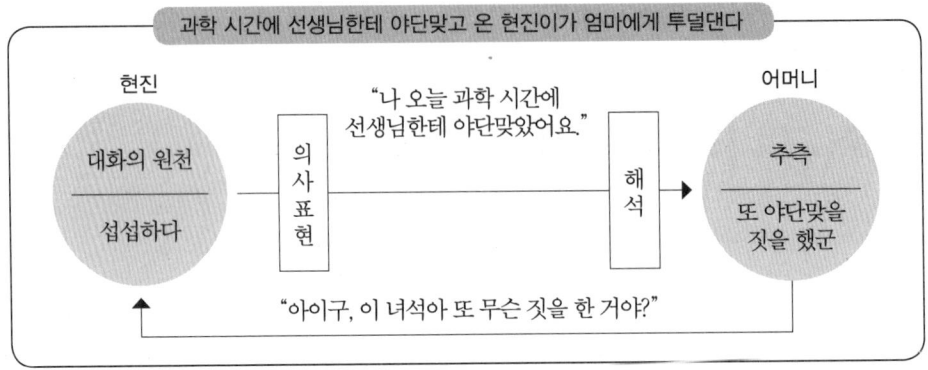

공감적 경청(Worst)

먼저 공감적으로 경청하라!(Best)

효과적으로 의사소통을 하려면 먼저 상대방의 속마음이 어떤지 파악하여 공감해 주는 것이 필요합니다. 즉, 대화의 원천이 무엇인지 파악하고 상대방의 감정을 공유해 주라는 것입니다.

"엄마!"

"우리 아들 왔구나!"

"나 오늘 과학 시간에 선생님한테 야단맞았어!"

"오, 저런! 많이 서운했겠구나."

이와 같이 상대방의 감정을 먼저 공감해 준다면 상대방은 어떤 문제든 마음을 터놓고 이야기해 줄 것입니다.

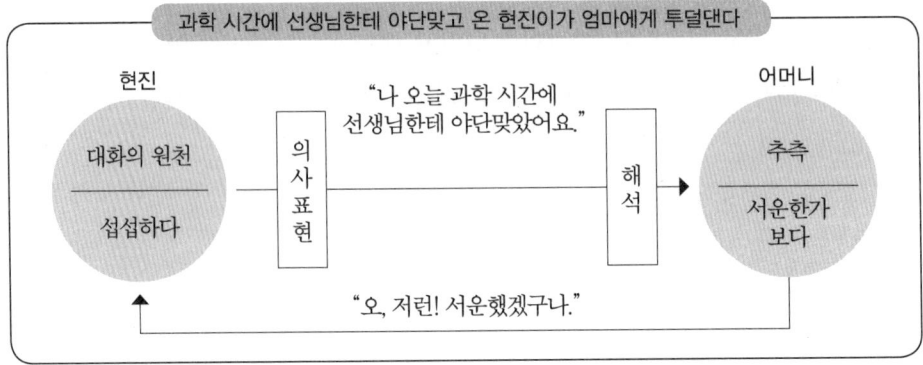

공감적 경청(Best)

이야기할 때에는 항상 상대방의 눈을 바라보라!(Worst)

몇 개월 전에 여동생의 권유로 그동안 알뜰히 모아 둔 자금을 몽땅 털어 주식형 펀드에 가입한 엄마는 오늘도 컴퓨터 화면에서 눈을 떼지 못하고 있습니다.

"엄마! 나 학원 갔다 왔어요."

"…"

"엄마, 나 학원 다녀왔다구요."

엄마는 현진이의 인사에 대답도 눈인사도 없습니다. 그런 엄마를 보는 현진이는 매우 답답하고 화가 납니다. 현진이가 바라는 것은 여유 있는 환경이 아니라 따뜻하게 맞아 주는 엄마의 살가운 반응입니다. 현진이는 엄마에 대한 존경의 마음도 신뢰의 마음도 없어졌습니다.

이야기할 때에는 항상 상대방의 눈을 바라보라!(Best)

"엄마! 나 학원 다녀왔어요."

"응! 아들, 어서 와라! 얼굴을 보니 많이 피곤해 보이네."

"요즈음 수학 문제가 잘 풀리지 않아 고민이에요."

엄마는 하던 일을 멈추고 학원에서 돌아오는 현진이를 사랑스럽게 바라보며 맞이합니다.

"잠시 쉬고 있어, 현진아! 좋아하는 파인애플 가져다 줄게…."

현진이는 이런 엄마를 좋아합니다. 왜냐하면 늘 이야기를 잘 들어 주고 자기를 따뜻하게 맞아 주기 때문입니다.

말할 때에는 자기의 느낌을 이야기하라!(Worst)

현진이 아빠는 IT 회사에서 기획팀장을 맡고 있는 40대의 직장인입니다. IT 기술경쟁이 심화되어 쉬는 날이 없을 정도로 바쁜 직장생활을 하고 있습니다. 현진이 아빠는 오랜만에 조용히 휴식을 취하고 싶은데 집안일 좀 도와 달라는 아내의 성화에 휴일을 강탈당한 느낌입니다.

"여봇! 누워 있지만 말고 집안 청소라도 좀 해 줘요. 어떻게 허구한날 잠잘 생각만 해요."

"그래, 내가 맨날 노는 사람이야? 요즈음 회사일로 스트레스를 얼마나 받고 있는지 알아? 편히 좀 쉬자, 편히 좀 쉬자고."

"당신만 힘든 줄 알아요? 아이들 뒷바라지에 집안일에 나도 휴식 없이 종일 일만 하는 사람이에요. 현진이도 수시로 학교에서 말썽을 일으켜 선생님께 한두 번 불려간 줄 알아요? 당신만 힘든 거 아니에요. 어떻게 당신은 자기 생각만 해요?"

현진이 엄마와 아빠는 서로 매우 화가 나 있습니다. 자기가 처한 현실을 상대방이 이해해 주기만을 바라고 있습니다. 현진이 엄마와 아빠는 으레 그렇듯 오늘도 대화가 싸움으로 끝나 버립니다.

말할 때에는 자기의 느낌을 이야기하라!(Best)

"여보! 회사일로 당신 많이 바쁜가 봐요. 힘들어 하는 당신 모습을 보니 내 마음이 많이 안쓰러워요."

"아니에요. 당신이 나보다 더 힘들 거예요. 아이들 돌보랴 집안일 챙기랴 시부모님 공양하랴 나보다 당신이 훨씬 힘들 거라는 거 알아요. 저번에 당신 친정에 다녀왔을 때 며칠간 집안일을 해 보니 무척 힘들던데, 늘 당신에게 감사하고 있어요."

"그렇게 생각해 주니 정말 고마워요. 그런데, 여보! 건강도 중요하니 휴일에는 오전 시간에만 집에서 좀 쉬고 오후에는 산책도 하고 등산도 했으면 내 마음이 아주 시원할 것 같아요. 쉬는 날이면 아침부터 저녁까지 내내 누워 있는 당신 모습을 보면 답답할 때가 있어요. 아이들도 종일 누워 있는 당신 모습을 보면 안쓰럽고 고맙게 생각하지만 종종 답답할 때도 있다고 해요."

"피곤하다는 핑계로 내 건강도 제대로 챙기지 못하고 같이 여행 한 번 간 적이 없어서 가족들에게 미안하기도 하고 휴일이면 할 일 없이 뒹구는 내 모습을 바라보는 나 자신도 답답할 때가 많은데 그런 나를 바라보는 당신은 어떻겠어요."

"그런 내 마음을 알아주니 고마워요"

그런 아내의 마음을 아는 현진이 아빠는 집안일도 좀 더 많이 도와주고 여행도 함께 할 것을 결심합니다.

"현진아! 현민아! 오늘 집안일 빨리 하고 지난번에 아빠가 약속해 놓고 가지 못했던 놀이공원 다녀오자."

"옙! 아빠!"

문제를 해결하기 위하여 말을 할 때에는 자기의 생각을 이야기하지 말고 느낌을 이야기해야 합니다.

만약에 "당신만 힘든 줄 알아요? 난 당신보다 더 힘든 사람이에요. 그러니 당신이 집안일을 돕는 것은 당연한 일이에요."라고 감정적으로 말하면 언쟁으로 비화할 가능성이 높습니다. 결국은 문제를 해결하는 것이 아니라 문제를 더욱 악화시킬 가능성이 높아지는 것이지요.

자기의 주장만을 강조하다 보면 상대방은 나의 속마음을 이해하려고 하지 않습니다. 의사소통은 말이나 문자, 행동을 통하여 이루어지는데 말이나 행동만으로는 속마음을 모두 알 수가 없습니다.

따라서 말을 할 때에는 상대방이 나의 속마음을 알 수 있도록 나의 느낌을 이야기해 주어야 합니다. 즉, 어떤 문제가 발생했을 때 일어난 사건에 대하여 간단히 이야기한 다음 그 사건에 대한 나의 느낌을 이야기하여 주라는 것이지요.

남편이 휴일마다 집안에서만 뒹구는 모습을 보면 아내는 매우 화가 나고 속이 답답할 것입니다. 이런 경우 "종일 잠만 자지(사건) 말고 청소 좀 했으면 좋겠네요.(생각)"라고 자기의 주장만을 내세우게 되면 아내는 자신의 속마음을 남편에게 전달하지도 못하고 서로 감정만 상할 것이 뻔한 일입니다.

지혜로운 아내라면 "여보! 당신 많이 피곤하지요. 피곤하여 잠만 자는(사건) 당신을 보면 참 안쓰러워요. 그런데 한편으론 그런 당신의 모습을 보면 답답할(나의 느낌) 때가 많답니다." 어떻습니까? 이 아내는 남편의 감정을 상하게 하지 않고 자기의 속마음을 '느낌 대화'를 통하여 충분히 전달하였지요.

상대방의 이야기를 공감적으로 경청해 주는 것도 중요한 일이지만, 나의 속마음을 상대방에게 효과적으로 전해 주는 것 또한 중요한 일입니다. 나의 속마음을 상대방에게 전해 주어야 상호이해와 신뢰를 바탕으로 효과적인 의사소통이 가능하기 때문이지요. 나의 속마음을 상대에게 알려주는 방법 중 '느낌 대화'가 가장 효과적인 수단임을 잊지 않길 바랍니다.

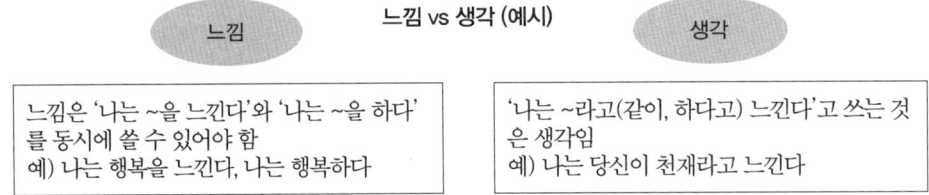

칭찬한 다음에 피드백하라!(Worst)

오랜만의 가족여행으로 며칠 만에 회사에 출근해 보니 얼마 전에 지시한 IT 경쟁력 확보방안에 대한 기획안이 책상 위에 놓여 있습니다. 기획안을 검토해 보니 보완해야 할 부분이 참으로 많습니다. 기획팀장은 담당자인 이현주 과장을 불러 보완사항이라든가 문제점을 이야기합니다.

"이 과장! 이리 좀 와 봐. 당신 이걸 기획안이라고 내놓은 거야?"

"왜 그러시는데요? 며칠 밤을 잠도 제대로 못 자고 작성한 기획안입니다."

"당신, 입사한 지 얼마나 됐어? 내가 또 속았다. 당신한테 맡기는 것이 아니었는데…"

이 과장은 월요일 아침부터 언성을 높이며 면박을 주는 팀장 앞에서 어찌할 바를 모르고 얼굴을 붉힌 채 부아가 치밉니다. 도대체 무엇을 잘못한 것인지 아무런 설명도 없이 화만 내는 기획팀장을 이해할 수 없고 마음 속으론 기획팀장에게 주먹을 한 방 날리고 싶은 마음뿐입니다.

"팀장님! 화만 내시지 말구요. 잘못된 부분이 무엇인지 보완해야 할 사항이 무엇인지 말씀을 해 주셨으면 합니다."

"그걸 꼭 말로 해야 하냐? 그러니까 동기들보다 진급이 몇 년씩 늦지"

이 과장은 인격에 대한 모독까지 당하는 상황에서 더 이상 회사를 다닐 수 없다고 여겨, 사무실 문을 발로 힘껏 걷어차고 씩씩 거리며 밖으로 나갑니다.

칭찬한 다음에 피드백하라!(Best)

"이 과장! 기획안과 관련하여 이야기 좀 하려고 하는데 시간 어때요?"

"생산기술팀 조현주 대리에게 긴급한 메일을 보낼 게 있어서 한 15분 후에나 가능합니다."

"그러면 A 회의실에서 3시에 봅시다"

"예, 팀장님!"

잠시 뒤 회의실에서 두 사람이 만납니다.

"팀장님! 며칠 사이에 몇 년은 젊어지신 것 같아요. 가족여행이 아주 즐거우셨나 봐요"

"이 과장도 며칠 사이에 많이 예뻐졌는데."

"기획안과 관련하여 하실 말씀이 무엇인지요?"

"이 과장에게 일을 맡기면 늘 안심이 됩니다. 자료분석도 철저하고 관련 Data도 구체적으로 제시하였고 특히 일본 지역의 고객 Needs 분석은 매우 명료하게 되어 있군요. 다만 논리적인 측면에서는 다소 답답한 느낌이 듭니다. 기대효과를 맨 마지막 단계에 배열하는 것보다는 오히려 추진배경 다음에 배열하는 것이 Impact하지 않을까 합니다. 왜냐하면 이번 보고의 목적이 전략실행의 결과가 어떤지에 초점이 맞추어져 있기 때문입니다."

"예, 팀장님! 사전에 그런 부분을 미처 생각하지 못하였습니다. 다시 수정하여 보고 드리도록 하겠습니다. 다른 보완사항은 없는지요?"

"다른 보완사항은 없습니다. 이 과장은 늘 긍정적이라 참 좋아요"

"고맙습니다. 팀장님! 늦어도 내일 오전까지 자료 보완하여 다시 보고 드리도록 하겠습니다."

이와 같이 칭찬한 다음에 피드백을 하는 목적은 자칫 피드백 과정에서 받을 수 있는 마음의 상처를 사전에 예방하고 피드백에 대한 긍정적 수용을 이끌어 내기 위함입니다. 그리고 큰 것보다는 세부적으로 나누어 근거를 제시하여 칭찬해야 하며 사람을 먼저 칭찬한 다음 사실을 칭찬해야 효과적입니다.

Theme 4
칭찬받는 프레젠테이션이 되려면

고객의 Needs를 명확히 파악하라!(Worst)

오늘은 A 부서에서 개발한 전사적 자원관리 프로그램에 대한 고객 설명회가 있는 날입니다.

"본 프로그램의 특징은 명확한 예측생산이 가능하도록 설계되었다는 점입니다."

"수요예측은 어떻게 가능한가요? 그리고 수요가 명확히 예측되었다고 하더라도 그 정보가 협력업체 등에 실시간으로 공유가 되어야 가능한 일인데 이러한 점도 고려가 되었는지요? 전에 협력업체와의 정보공유 시스템도 동시에 구축해야 ERP(Enterprise Resource Planning)가 효과적으로 운용되며 JIT(Just In Time) 구현이 가능하다는 말씀을 드렸었는데요?"

"그러한 점은 이번 프로그램에는 포함되어 있지 않습니다."

"당사에서 ERP를 도입한 배경은 JIT를 구현하기 위한 방법의 하나로서 선정되었기 때문인데 수요에 대한 정보가 협력업체와 공유되지 못한다면 실시간으로 부품 공급이 불가능하게 되어 ERP를 도입하는 목적을 달성하지 못하는 문제가 발생되는데 참으로 답답하군요?"

"…"

고객의 Needs를 명확히 파악하라!(Best)

"본 프로그램의 특징은 명확한 예측생산이 가능하도록 설계되었다는 점입니다. 즉, 수요에 대한 정보가 입력되면 이 정보가 협력업체 및 외주관리팀, 생산부서 등 관련 부서와 실시간으로 정보가 공유되어 부품공급과 생산이 즉각적으로 이루어져 소비자에게 공급이 가능하도록 설계되었다는 것입니다."

"프로그램의 내용을 보니 최초에 요청한 사항이 대부분 포함되어 있군요. 그러면 ERP의 효과적인 실행과 관련한 고려사항이나 전제조건 등은 없는지요?"

"실행상의 필수조건으로는 BPR(Business Process Reengineering) 시 설계되었던 프로세스에 따라 업무가 수행되어야만 가능한 일입니다."

이와 같이 고객의 Needs가 무엇인지 사전에 명확히 파악해야만 전략적으로 대응방안을 수립하고 이에 의거하여 효과적으로 의사소통할 수 있습니다.

핵심고객의 성향을 파악하라!(Worst)

오늘은 중국 시장에 대한 마케팅 전략과 관련한 사전점검 차원의 보고 연습이 있는 날입니다. 오늘 예행연습의 보고를 받을 사업부장과 최종 보고를 받을 사장님은 주도적이며 결과 지향적이고 성격이 매우 급한 성향을 가진 분들입니다. 이분들의 성향을 고려하여 보고가 이루어져야 합니다.

"설명 순서는 시장현황, 고객 Needs, 고객세분화, 경쟁사 현황, 핵심 마케팅 전략, 예상매출 및 영업이익 현황 순입니다. 먼저 시장의 현황을 살펴보면…"

"야! 이 친구야. 핵심부터 말해. 결론이 도대체 뭐야. 바쁜데 답답해 죽겠네."

김현수 과장은 예상치 못한 상황에 설명은 시작도 못하고 당황해하고 있는데, 사업부장은 화를 내며 연습장을 나가 버립니다.

핵심고객의 성향을 파악하라!(Best)

"금년도 8월에 출시 예정인 스타게임 제품의 마케팅 전략 실행목적이 중국 시장 진출에 대한 교두보를 확보한다는 측면에 있으므로 Opinion Leader의 역할을 하고 있는 중고등학생을 대상으로 하여 전략을 수립하였으며 핵심전략은 첫째, 톡톡 튀는 Design으로 Concept을 잡았으며 두 번째, 중고생들의 접근성이 용이한 학교 인근의 할인점을 제1의 유통채널로 선정하였고 세 번째, 경쟁사 대비 15% 정도 할인된 가격에 납품하기 위하여 기능을 단순화한 것입니다. 그리고 이러한 전략이 성공할 경우 내년도 매출액은 약 350억, 순이익은 37억이 예상되며 매년 25~37% 정도의 매출 증가가 예상됩니다. 이상입니다. 질문 있으신지요?"

"그래. 수고했네. 다른 질문사항은 없고 내일 임원회의에서 봅시다."

이기호 과장은 의사결정권자의 성향을 사전에 인지하고 결과 중심형의 대화를 선호한다는 것을 명확히 파악하여 설명자료도 1Page로 요약하여 작성하였으며 결론 중심의 대화 방법에 따라 설명하였습니다.

프레젠테이션의 목표를 명확히 기술하라!(Worst)

스킨스쿠버 동호회 신입회원 모집을 위한 설명회가 점심시간을 이용하여 사내 회의실에서 진행되고 있습니다. 사내 회의실에서는 오후 1시 30분부터 전략회의가 진행될 예정이므로 30분 이내에 설명회를 마무리해야 합니다.

"우리 동호회에 가입하기 위해서는 신체와 정신이 건강한 사람이어야 하고 현재 자사나 협력업체에 근무하고 있는 사원이어야 합니다. 그리고 스킨스쿠버 동호회에 가입하면 즐거운 직장생활을 영위할 수 있으며, 우리 회원들은 다른 동호회 회원들에 비하여 매우 높은 만족도를 보이고 있습니다."

동호회 홍보부장인 조인성 씨의 지루한 설명이 이어집니다. 아직 핵심내용은 운도 떼지 못한 채 정해진 시간이 다가오고 처음에 가득 찼던 회의실은 동호회 간부 몇 명과 일부 참관자들만 남아 있는 상황입니다.

"부장님! 훈련 방법이라든가 프로그램 내용, 스킨스쿠버 활동을 통하여 얻을 수 있는 이점 등이 무엇인지 좀 더 구체적인 설명을 해 주셨으면 합니다."

"저로서는 충분히 설명드린 것 같은데요."

"홍보부장님! 지금까지 설명해 주신 내용은 가입조건과 회칙에 대한 것일 뿐, 가입할 것인지 말 것인지 판단할 수 있는 핵심내용은 아무것도 없었잖아요?"

"말씀을 들어 보니 그런 것 같네요. 그런데 시간이 다 되어 오늘 설명은 여기서 종료하도록 하겠습니다. 가입에 관심이 있으신 분은 가입신청서를 작성하여 금주 중으로 동호회 사무실로 제출해 주십시오."

일주일 후 가입신청자는 육십여 명의 설명회 참석자 중 단지 세 명뿐이었습니다.

프레젠테이션의 목표를 명확히 기술하라!(Best)

"안녕하세요. 사내 최고의 인포멀 그룹 '재미있는 스킨스쿠버 즐기기' 동호회 가입 설명회에 참석하여 주신 여러분께 감사의 말씀을 드리며, 오늘 스킨스쿠버의 가입과 관련한 설명을 해 줄 조인성 씨를 소개합니다."

"스킨스쿠버 동호회에 관심을 가져 주신 여러분! 만나 뵙게 되어 매우 반갑습니다. 저는 스킨스쿠버 동호회 홍보부장을 맞고 있는 조인성입니다. 오늘 이 자리는 스킨스쿠버란?, 스킨스쿠버의 특성, 필요장비, 안전수칙, 훈련 방법, 다이빙 자격증, 수중운동의 효과, 스킨스쿠버가 인체에 미치는 영향, 가입조건, 가입절차 등에 대하여 약 20분 정도 설명 드리고 10분 정도는 질의응답과 가입신청서를 작성하는 순서로 진행하도록 하겠습니다."

먼저 스킨스쿠버에 대한 이해를 돕기 소개말을 간략히 합니다. "스킨스쿠버 다이빙이란 스킨(Skin) 다이빙과 스쿠버(Scuba) 다이빙의 복합어이며 스쿠버 다이빙이 수중에서 호흡이 가능한 장비를 갖추고 즐길 수 있는 것이라면 스킨 다이빙은 스노

쿨과 오리발만을 가지고 즐길 수 있는 수중레포츠라고 할 수 있습니다."

약 20분에 걸친 스킨스쿠버의 특성, 훈련 방법, 수중운동의 효과 등 스킨스쿠버에 대한 주요내용과 가입조건 및 가입절차에 대한 설명이 마무리되고 질의응답이 이어집니다.

"임신을 한 주부도 가능한 운동인가요?"

"임산부도 즐길 수 있는 운동인지에 대한 질문이시군요? 물론 가능합니다. 사전에 의사 선생님의 진단을 받으시고 안전수칙에 따라 무리하게만 하지 않는다면 산모와 태아의 건강에 많은 도움이 되는 운동입니다. 또한 스킨스쿠버는 수영실력이나 체력에 크게 구애받지 않기 때문에 임산부뿐만 아니라 수영을 할 줄 모르는 어린이나 노약자에게도 좋은 운동이기도 합니다. 추가 질문 있으시면 받도록 하겠습니다."

"친절한 답변 감사드리며 가입신청 방법에 대하여 다시 한 번 설명해 주시기 바랍니다."

"나눠 드린 가입신청서에 소속, 성명, 연락처, 메일 주소, 가입동기 등을 적어서 제출하여 주시면 별도로 유무선을 통하여 향후 진행 절차에 대한 세부적인 내용을 통보 드리도록 하겠습니다. 그리고 오늘 신청을 하지 않으신 분도 본 동호회의 문은 항상 열려 있으니 메일이나 전화 주시면 언제든지 가입이 가능합니다. 이것으로 스킨스쿠버 동호회에 대한 설명회를 모두 마치도록 하겠습니다. 적극적으로 경청해 주신 여러분, 감사합니다."

스킨스쿠버 동호회에 대한 설명회 전에 동호회 임원들이 모여 30분 동안 어떤 내용을 중심으로 설명을 하는 것이 동호회 가입 목표 35명을 달성할 수 있을 것인지 구체적인 토의가 이루어졌고 사보 등을 통한 홍보전략도 구체적으로 기획하였습니다. 설명회를 마치고 일주일 후 동호회 신규 가입자는 53명이었습니다.

프레젠테이션 목표

대상	스킨스쿠버에 관심이 있는 사내 및 협력업체 임직원
시간	30분
내용	스킨스쿠버란, 스킨스쿠버의 특성, 훈련 방법, 수중운동의 효과, 가입조건, 가입절차 등
기대성과	참석자의 35%가 동호회에 가입하도록 함

Text보다 이미지를 오래 기억함을 명심하라!(Worst)

"부장님! 임원회의에서 발표할 서비스 혁신방안 프레젠테이션 자료입니다. 검토해 보시고 피드백해 주셨으면 합니다."

"야! 서 대리! 이게 발표자료냐? 당신 글자 귀신이야? 임원 분들이라 눈도 어두우신데 이렇게 자료 만들어 놓으면 이해하시겠나? 온통 Text로만 자료가 작성되었잖아? 당신 보기에 어때? 답답하지 않아? 이해하기도 어렵고."

"…"

"여하튼 이해하기 어려우니깐 다시 작성해서 보고해? 당신 김 과장과 입사 동기지? 김 과장 자료 작성하는 것 좀 벤치마킹 해 봐라."

Text보다 이미지를 오래 기억함을 명심하라!(Best)

"부장님! 임원회의에서 발표할 서비스 혁신방안 프레젠테이션 자료입니다. 검토해 보시고 피드백 하여 주셨으면 합니다."

"전체적인 내용 구성은 잘 되었는데 Text가 너무 많아. Text 위주로 자료를 작성하게 되면 이해도도 떨어질 뿐만 아니라 자료가 좀 답답해 보이지. 서 대리 보기엔 어떤가?"

"예, 제가 보기에도 이해하기 어렵고 답답해 보입니다."

"서 대리! 신혼여행 어디 갔다 왔지?"

"예, 필리핀 세부로 다녀왔습니다만 갑자기 신혼여행지를 왜 물으시는 것인지요?"

"자료작성 방법에 대하여 알려 주려고 하네."

"아! 네."

"혹시 그때 묵었던 호텔 객실번호 기억나나?"

"3년 전의 일이라 기억이 나지 않습니다."

"체크인 할 때, 외출할 때 수시로 방 번호를 확인하였을 텐데 왜 기억을 하지 못할까? 그러면 침실의 구조는 기억나나?"

"예, 3년 전의 일이지만 아주 또렷하게 기억납니다. 입구 왼쪽에 월풀 욕조가 있는 세면실이 있고 앤티크풍의 침대와 푸른색 계통의 조명, 그리고 해바라기 꽃이 그려진 커튼이 드리운 방이었습니다."

"침실의 구조에 대하여 누구에게 설명을 듣거나 일일이 확인한 적도 없었는데 왜 그렇게 또렷하게 기억할 수 있을까? 3년 전의 일을…. 그것은 우리의 두뇌가 Text는 오래 기억하지 못하지만 이미지는 오랫동안 명확히 기억할 수 있도록 구조화되어 있기 때문이라네."

"아! 그러니까 자료를 작성할 때에는 참가자들이 내용을 오래 기억할 수 있도록 Text와 관련된 이미지를 삽입하여 내용을 구체적으로 설명하지 않아도 그림에 의한 연상작용을 통하여 쉽게 이해하고 오랫동안 기억하도록 프레젠테이션 자료를 구성하라는 말씀이군요. 말씀해 주신 방법대로 자료를 다시 작성하여 내일 오전까지 보고 드리겠습니다."

정량적인 숫자는 반드시 도표나 그래프를 활용하라!(Worst)

"우리나라 30~40대 직장인의 경우 경제 관련 정보수집 방법으로 35%가 인터넷을 선호하고 28%는 TV를 선호하고 18%는 신문을 선호하고 있는 것으로 조사되었으며 인터넷을 선호하는 이유로는 37%가 선택의 다양성을, 23%가 접근의 용이성을, 17%는 저렴한 비용을, 그리고 15%는…"

"김 대리! 그만. 당신 지금 소설 쓴 것 보고하는 거야? 이해하기 쉽도록 자료 좀 만들어 봐. 바빠 죽겠는데 언제 다 설명할래? 핵심내용 중심으로 이해하기 쉽도록 자료를 작성해서 다시 보고하도록 해."

김 대리는 보고 예정이던 홍보전략 기획과 관련된 보고는 시작도 제대로 하지 못하고 야단만 맞고 강단을 내려와야 했습니다.

정량적인 숫자는 반드시 도표나 그래프를 활용하라!(Best)

"우리나라 30~40대 직장인의 경우 가장 손쉬운 정보수집 방법으로 조사대상의 35%가 인터넷을 주로 활용하는 것으로 파악되었으며 그 이유는 선택의 다양성 때문인 것으로 조사되었습니다."

김창수 씨는 정량적인 숫자 등이 있는 내용에 대해서는 선 그래프, 막대그래프, 원 그래프, 파레토도 등 그래프와 도표를 효과적으로 활용하여 참석자들이 한눈에 보아도 이해하기 쉽도록 자료를 작성하였습니다.

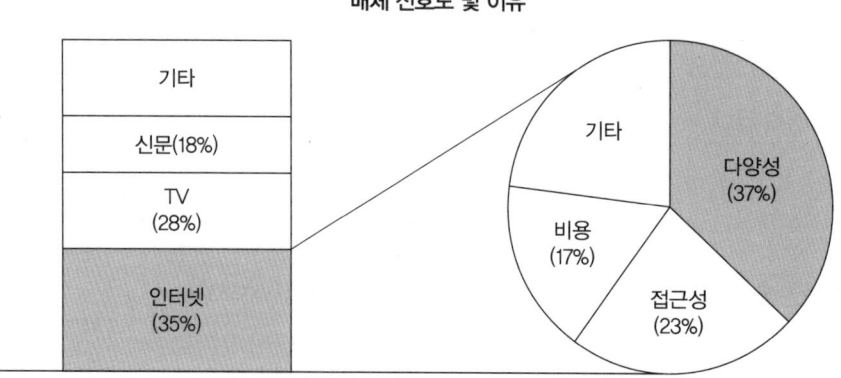

매체 선호도 및 이유

자료원 : 조안나 리서치 설문조사, 0000년 8월 16일

열정적이고 실천적이며 솔선수범하는 태도를 가져라!(Worst)

"Global Player로의 교두보 확보 및 국내 시장에 대한 지배력을 강화하기 위한 LCD-001제품 경쟁력 확보방안에 대하여 보고 드리도록 하겠습니다. 시장환경 분석현황입니다. 주요 거래선의 공동구매 및 복수견적에 의하여 Bargaining Power가 증대하고 중소 메이커와 해외 Major업체의 시장진입 가속화에 따라 국내 시장에 대한 지배력과 해외 시장에서의 인지도가 매우 낮아 이에 대한 대응 방안으로서 첫째, 국내 시장에서의 지속적인 경쟁우위를 확보하기 위하여 신 사업을 전개하고 두 번째, 중국 시장의 교두보를 확보하기 위하여 현지 연구소 및 생산기지를 확보하고 세 번째, 물류강화를 위하여 신규유통 Channel을 확보하도록 하겠습니다."

"김 과장! 이번엔 당신 믿어도 되나? 당신! 말은 참 번지르르하게 잘하지. 그런데 내가 한두 번 속은 것이 아니야. 지난번에 보고한 상품기획안도 지지부진하잖아. 투입된 시간과 인력만 해도 손해가 얼마인지 알아. 본 방안에 대해서는 연구소 및 생산기술센터와 좀 더 협의하여 검증한 다음 다시 한 번 보고하길 바라네."

열정적이고 실천적이며 솔선수범하는 태도를 가져라!(Best)

"Global Player로의 교두보 확보 및 국내 시장에 대한 지배력을 강화하기 위한 LCD-001제품 경쟁력 확보방안에 대하여 보고 드리도록 하겠습니다."

"사전에 메일로 보내 준 자료로 내용은 충분히 파악하였네. 조 과장이 기획한 방안이야 별도로 설명을 들을 것도 없지. 오늘은 내가 지원해 줄 일이 없는지 요청사항을 들으려고 온 자리니까 프로젝트를 진행하면서 예상되는 문제점에 대한 지원사항 중심으로 이야기했으면 하네."

조 과장은 화술이 웅변가처럼 뛰어난 것도 아니며 자료를 멋있게 만드는 스킬도 없습니다. 그러나 사장은 도전적이며 열정적이고 솔선수범하며 계획한 것은 반드시 실천하는 조 과장의 태도를 신뢰하고 있기 때문에 언제나 기획안을 승인하여 줍니다. 화법이나 자료작성 기술 등은 그 사람이 가지고 있는 바람직한 태도에 따라 빛이 더함을 잊지 말아야 합니다.

Section 4

Wrap-up

문제해결 과정 Wrap-up

문제해결 과정 Wrap-up

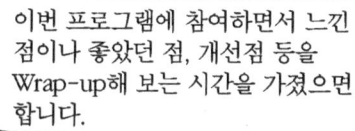